Jacques Biolley

Enfant libre ou enfant otage ?

Comment protéger l'enfant après la séparation de ses parents

Préface du Dr Bertrand Cramer,
Professeur honoraire de psychiatrie infantile

LLL LES LIENS QUI LIBÈRENT

ISBN : 978-2-918597-17-9

Enfant libre ou enfant otage ?

Comment protéger l'enfant après la séparation de ses parents

Préface

Ce livre pourrait avoir comme sous-titre : « Comment protéger son enfant des effets du divorce ».

L'auteur décrit un des effets les plus fréquents et les plus dommageables que la séparation inflige à l'enfant. Il s'agit d'une situation où l'un des parents fait de l'enfant son partenaire principal, tout en l'éloignant de l'autre qui subit une véritable aliénation. Il y a toutes sortes de degrés dans cette mainmise sur l'enfant ; cela va d'une simple disqualification de l'autre parent, à un degré grave de fusion avec l'enfant et d'une emprise sur ses pensées et ses sentiments. Sans même s'en rendre compte, l'enfant est devenu captif du parent ; il s'identifie à sa cause et en arrive à refuser de voir l'autre parent. Ce système, lorsqu'il est très intense, donne lieu à ce que l'auteur appelle un « régime fermé » : plus personne, ni famille ni juge ni psychothérapeute ne peut le pénétrer. L'auteur décrit en détails très concrets comment ce système régit toutes les situations que rencontre l'enfant : les séparations du week-end, les retours, les vacances, le règlement des échanges d'argent, la formation d'un nouveau couple, etc. Pour chaque exemple, l'auteur compare les solutions trouvées en « régime ouvert » et les échecs dus au « régime fermé ».

Les conséquences psychologiques et sociales de ce phénomène d'aliénation parentale peuvent être considérables : cela va du sentiment de culpabilité lorsque l'enfant doit quitter le « parent possessif » jusqu'au rejet total du parent aliéné.

« Régime fermé – régime ouvert » : ce sont les deux extrêmes qui permettent nombre de variations intermédiaires.

Le plus grand mérite de ce livre est de bien détailler les mécanismes psychologiques qui président à ces différentes formes de séparation, et cela dans un langage simple, dénué de tout jargon scientifique.

Il est évident qu'avec une hausse permanente des taux de divorce (jusqu'à 40 et même 50 % dans les grandes villes) la société devra s'adapter aux situations créées par ce phénomène. La formule consacrée qui a été généralement suivie par les juges, c'est-à-dire de remettre les enfants à la mère et d'offrir un temps de visite au père, n'est plus adaptée.

De nombreux auteurs abordant ce problème proposent le développement de la garde partagée ou résidence alternée. Même droit pour chaque parent, et le droit pour l'enfant de conserver ses deux parents. Le système « parent hébergeant » et « parent non-hébergeant » est un système à risque : c'est celui de favoriser la création d'un « régime fermé ».

En tant que psychiatre d'enfant, j'ai dû trop souvent observer les dégâts causés par la captation de l'enfant par un parent, et j'ai bien ressenti mon impuissance à défaire cette emprise.

Il est temps que les juristes de la famille adaptent leurs décisions aux mœurs des temps actuels.

Je recommande la lecture de ce livre aux parents exposés à une séparation ainsi qu'aux juristes de la famille.

Dr Bertrand Cramer
Professeur honoraire
de psychiatrie infantile

Introduction

Divorce ou séparation du couple, cette réalité est devenue courante, voire banale. Mais ce qui demeure exceptionnel, c'est le bouleversement vécu par un adulte ou un enfant confronté à cette mutation.

Savoir que les séparations sont fréquentes n'aide pas, et chaque parent fait l'expérience d'une sorte de séisme auquel il est peu préparé. Et pour cause : les défis sont multiples. Comment reconstruire sa propre vie ? Comment aménager pour l'enfant une existence qui est brutalement fragmentée en deux univers ? Comment mettre en place un mode de vie pacifié ?

Actuellement des consensus s'ébauchent à propos de ces questionnements, mais les « règles du jeu » demeurent floues et peu ancrées dans le sens commun. La plupart des parents sont contraints d'aménager à tâtons l'après-séparation et en particulier l'accompagnement des enfants. Le chemin est nouveau, mal balisé. Il passe par des doutes, des désaccords, des souffrances. Fréquemment, les parents les mieux intentionnés du monde agissent sans avoir conscience de porter préjudice à leur enfant.

Comment, dans ce contexte, aller vers un mieux ? Préciser des principes à respecter serait vain si cette démarche n'était pas ancrée dans la vie quotidienne. C'est pourquoi il semble nécessaire de plonger dans la réalité de l'existence pour observer les attitudes qui aident l'enfant et celles qui le mettent en difficulté. À la faveur de cette « phénoménologie » de la parentalité fragmentée, des repères admissibles par chacun vont apparaître. Ils pourront orienter les parents dans la tourmente de la séparation et les aider à mieux savoir comment parler à leur enfant ou à leur ex-partenaire de couple pour conduire leur famille éclatée vers une certaine sérénité.

Il faut cependant rappeler qu'il n'y a pas de coparentalité idéale. Celle-ci s'inscrit dans un processus évolutif où se mêlent conflit, amertume et désarroi. Le meilleur révélateur de cette situation dynamique demeure l'enfant : voit-il régulièrement ses deux parents ? Se développe-t-il harmonieusement ? Est-il sous emprise ? A-t-il pu intégrer, dans son existence, des adultes « additionnels » ? Est-il en mesure d'assimiler les transformations de son cadre de vie ?

L'expérience montre que le couple en souffrance ne peut céder instantanément la place à un « duo parental » serein. Sitôt la séparation décidée s'engage un parcours singulier qui va être décisif pour l'enfant. Très tôt, à travers les premières prises de position, peut se développer une dynamique néfaste. Afin d'y échapper, il est précieux de déterminer quelles sont les paroles qui, à l'inverse, vont permettre de respecter la vie de l'enfant.

Au-delà de la diversité

Après un divorce ou une séparation, nombre de scénarios peuvent survenir. Il n'est pas envisageable, bien entendu, d'aborder l'ensemble des situations existantes.

En proposant un questionnement radical qui se résume par cette formule : « Enfant libre ou enfant otage ? », nous voudrions contraster notre propos et définir deux types d'évolution bien distincts :

– celle, en grande partie heureuse et apaisée, qui permet à l'enfant de poursuivre son développement et de conserver sa liberté de relation à la fois avec son père et avec sa mère ;

– celle, plus ou moins pervertie, où l'enfant est impliqué dans la conflictualité entre adultes au point de se voir privé d'une part de son insouciance et de son autonomie de pensée.

Le phénomène connu sous le terme de « relation d'emprise » se situe fréquemment au cœur des séparations conflictuelles et peut conditionner lourdement le devenir de l'enfant. Dans la plupart des cas, la relation d'emprise ne se constitue pas de manière intentionnelle et n'a pas pour but de nuire. Elle se met en place peu à peu et sans conscience du préjudice causé. Elle apparaît souvent dès le début de la séparation. La prévenir est primordial. Il sera donc décisif de repérer les premiers indices de son apparition.

Des repères fragilisés

Depuis les années 1960, de profondes mutations ont affecté les domaines du couple, de l'éducation et de la génétique. Les formes d'union ont évolué. Autrefois institution majoritaire, le mariage est bientôt supplanté par l'union libre. En France, une nouvelle modalité légale est apparue en 1999 : le pacte civil de solidarité (pacs)[1].

1. En 2009, alors que 256 500 mariages ont été contractés, ce sont 166 250 pacs qui ont été signés par des couples hétérosexuels, soit 2 pacs pour 3 mariages (chiffres Insee).

La loi tente ainsi de baliser de nouvelles réalités de vie (augmentation du nombre de familles recomposées, accroissement de l'espérance de vie, première grossesse plus tardive, augmentation du nombre d'enfants nés hors mariage, etc.). Certaines pratiques (comme l'IVG) ont été légalisées ; la séparation et le divorce sont socialement déstigmatisés. En une ou deux décennies, une pratique proscrite est tolérée, puis même encouragée. Citons à cet égard le cas de la garde partagée (ou « résidence alternée »), qui prévoit que l'enfant passe autant de temps chez chacun de ses parents après leur séparation. Cet aménagement a été considéré jusque dans les années 1980 comme nocif. Néanmoins, à la faveur de nouvelles dispositions légales, il a pu être expérimenté librement en France depuis 1993 par de nombreux parents « pionniers », et les résultats ont été globalement satisfaisants au point d'infléchir peu à peu les *a priori* négatifs. Finalement la résidence alternée a été entérinée par une loi de mars 2002. Elle est susceptible d'être choisie par les parents ou d'être décidée par le juge aux affaires familiales si celui-ci l'estime appropriée. En 2007, 14,8 % des jugements de divorce se sont soldés par une décision de résidence alternée.

Au-delà de tout jugement de valeur à propos de la résidence alternée, ce processus rapide (qui se déploie sur une vingtaine d'années) illustre la capacité de mutation des mentalités en matière de séparation du couple et d'aménagement de vie.

Un tel bouillonnement d'idées a pour corollaire un manque de repères stables. Cependant il suscite des innovations et amorce des questionnements : existe-t-il une alternative au système traditionnel qui institue un parent principal (chez qui l'enfant réside) et un parent secondaire ? Quelles solutions sont envisageables pour que l'enfant puisse maintenir à long terme une relation de qualité avec chacun de ses parents ?

Les transformations sociales récentes laissent espérer qu'après plusieurs décennies de tâtonnement, l'accompagnement des enfants de couples dissociés pourra évoluer et bénéficier de meilleurs accords entre parents. Puisse ce livre y contribuer.

CHAPITRE I

Les premiers temps de la séparation

SOUFFRANCE ET DÉSILLUSION

Même si le nombre de divorces par consentement mutuel est en constante augmentation, la séparation du couple avec enfant génère incertitude et appréhension. Cette décision est généralement précédée d'une période de conflit ou de désamour. Les diverses circonstances conduisant à cet épilogue-là sont multiples.

Une fois le couple séparé, les dysfonctionnements éventuels des deux parents ne seront d'ordinaire ni révélés ni contrecarrés puisqu'un tiers (le juge ou le psychothérapeute) ne sera amené à intervenir que dans une minorité de situations. En cas d'attitude inappropriée de ses parents, l'enfant sera donc amené à en souffrir durablement et sans soutien spécifique.

Les adultes qui découvrent les difficultés de la rupture et celles de la parentalité fragmentée vivent un temps de souffrance. Ils affrontent immanquablement un sentiment d'échec lié à la mise en cause de leurs idéaux. C'est une période de désillusion, parfois de dépression. D'importants changements de vie sont à envisager et une forte mobilisation affective se déploie autour de l'enfant que l'on voudrait protéger.

C'est dans ce contexte particulier que s'inscrivent les premiers actes ou les premières paroles des parents séparés. Il faut dès lors les considérer avec toute l'empathie nécessaire. Certaines réactions sont vives et peuvent décontenancer. Une part sacrée du lien familial semble être profanée. Le sentiment de subir un sacrilège émerge parfois dans le cas d'une séparation due à l'émergence d'une relation amoureuse tierce. L'idée d'une trahison peut s'imposer et conditionner à jamais l'avenir. Sur fond de rancune, la relation entre parents risque de demeurer longtemps prisonnière du contentieux conjugal.

Mais cette dynamique-là n'est pas une fatalité. Si les deux partenaires parviennent à instaurer une « amnistie » en ce qui concerne les péripéties de leur vie de couple, un nouveau type de relation peut s'instaurer, au grand profit de leur enfant. C'est dans ce contexte déconflictualisé que s'inventent les phrases ou les attitudes qui permettent à l'enfant d'aller librement vers son père ou sa mère.

L'ENFANT AU CŒUR DE LA TOURMENTE

Au moment de la séparation de ses parents, l'enfant vit indéniablement un choc. Confronté à la tension ambiante, il a parfois été témoin de conflits et a peut-être espéré une séparation (dans la mesure où ce phénomène se banalise autour de lui) ; pourtant l'annonce de l'éclatement du couple n'en demeure pas moins un séisme entraînant une prise de conscience brutale : une ère nouvelle commence, dont les contours sont flous et inquiétants.

Hélas, ce coup de massue n'est habituellement pas suivi d'une clarification rapide de la situation. En France, la procédure de divorce dure entre huit et dix-huit mois. Les couples vivant en union libre sont moins conditionnés par ces délais institutionnels, mais il n'en demeure pas moins qu'ils traversent une phase difficile durant laquelle des accords doivent être trouvés sur de nombreux points. Cette période est forcément propice aux disputes et à la réactivation du conflit.

Pour l'enfant, le deuil d'une cellule familiale constituée d'un père et d'une mère vivant sous le même toit s'opère lentement. Ses principaux points de repère sont bouleversés (logement, mode de vie, présence des parents). C'est une véritable crise existentielle qui suscite stress, inquiétude, questionnement et parfois désinvestissement scolaire et déprime.

Dans le meilleur des cas, l'enfant surmonte cette épreuve. Mais il est susceptible d'être traversé par nombre de sentiments perturbants rappelés ci-dessous.

Peur de l'abandon. Puisque le lien entre parents a été rompu, c'est la preuve qu'aucune relation n'est à l'abri d'une rupture. Par conséquent un sentiment d'insécurité apparaît, suscitant chez l'enfant un besoin accru d'alliance et de réassurance. Les adolescents en particulier se montrent virtuoses pour mettre à l'épreuve les liens dans ces moments-là, animés par un besoin effréné de relations résistant à toutes les offensives.

Tentation du déni. L'enfant tente de s'alléger en minimisant la portée des événements. Cette réaction s'accompagne de la perspective que la réconciliation entre parents est possible.

Refoulement. L'enfant donne parfois l'impression de ne rien éprouver, mais l'émotion demeure enfouie. Son retentissement est différé, prêt à se manifester sous forme de symptômes.

Sentiment d'impuissance. Pour lutter contre le désarroi, l'enfant s'attribue le pouvoir d'agir en faveur de la réconciliation de ses parents ; cependant il doit faire face à son impuissance. Ce constat douloureux va susciter diverses réactions qui sont si liées entre elles qu'elles peuvent constituer un cercle vicieux.

Sentiment de culpabilité. L'enfant est tenté de s'attribuer une responsabilité dans la séparation, ce qui constitue pour lui une manière de lutter contre le sentiment d'impuissance. En effet, la souffrance de l'enfant s'atténue lorsqu'il s'imagine acteur de ce qu'il subit. Mais le fantasme d'une réconciliation va être cause de déception et d'un sentiment accru d'impuissance.

Chagrin et désillusion. L'enfant étant attaché à ses parents, leur séparation altère profondément les représentations idéalisées de son père et de sa mère, mais aussi de tout son univers. Le passé est considéré avec nostalgie. Les temps heureux semblent révolus. Une certaine amertume domine, même si l'ambiance familiale n'était pas réjouissante auparavant.

Écartèlement et conflit de loyauté. Animé par une forme de fidélité envers chacun de ses parents, l'enfant s'empêche de manifester pleinement son attachement pour chacun d'eux. Il a tendance à vouloir protéger le parent perçu comme le plus fragilisé.

Parentification. L'enfant adopte une posture nouvelle qui consiste à vouloir se responsabiliser, et cela quel que soit son âge. Il voudrait jouer un rôle de soutien auprès de ses parents ou auprès de ses frères et sœurs. Cette attitude permet d'atténuer le sentiment de culpabilité et d'impuissance. C'est également une façon de lutter contre le chagrin et la peur de l'abandon.

Une seule mère, un seul père

Happé par certains de ces sentiments et désarçonné par la nouveauté de la situation, l'enfant est amené à vouloir se solidariser avec l'un de ses parents.

Quelles que soient les modalités de la séparation, le piège latent d'une alliance avec l'enfant va nécessiter de la part des deux parents une grande vigilance. Elle seule pourra aider l'enfant à ne pas vivre tiraillé par deux loyautés inconciliables.

Faut-il rappeler qu'un enfant n'a qu'une mère et qu'un père (sauf situations particulières dues notamment à l'homoparentalité, à l'adoption ou aux pratiques nouvelles des sciences de la biologie) ? Cette réalité basique inspire une sagesse qui devrait s'imposer tel un serment intérieur : « Mon enfant, tu n'as qu'une mère (ou qu'un père). Et moi qui suis ton père (ou ta mère), je vais respecter cette autre personne et t'en parler positivement. Malgré la conflictualité qui peut exister, j'aurai à cœur que tu aies un libre accès à ta mère (ou à ton père). D'ailleurs, je souhaite assumer ma responsabilité à cet égard puisque c'est moi-même et nul autre qui ai choisi de me lier à cette personne au point de concevoir un enfant. Par conséquent, même s'il est tentant de combattre mon ex-partenaire, je vais rigoureusement m'en abstenir. Car je sais que chaque coup porté à ta mère (ou à ton père) est un coup qui t'est infligé à toi – alors que je prétends t'aimer. »

Loyauté

S'il est une réalité à rappeler, c'est celle de la « loyauté » de l'enfant envers ses parents. Dès sa naissance (et peut-être déjà in utero) l'enfant perçoit les attentes (même inexprimées) de son père et de sa mère. Ce phénomène ne cesse d'être agissant et se développe au cours des années. Le principe de fidélité s'incarne tout d'abord au niveau biologique puis se constitue de manière subtile sur un plan relationnel. Notons qu'il est suffisamment puissant pour pouvoir s'exprimer envers un parent jamais rencontré ou décédé.

L'enfant, au-delà de ses oppositions, est un « chercheur d'approbation ». Il se construit en se calquant, sans même le savoir, sur les aspirations profondes de son père et de sa mère. Ceux-ci méconnaissent en grande partie leurs attentes mais elles vont transparaître à travers des messages que l'enfant captera et qui vont se révéler déterminants.

Les enfants sont « loyaux » et ils en apportent des preuves pathétiques : ils peuvent aller jusqu'à mettre en péril leur propre vie par loyauté secrète. Ils « acceptent » de devenir violents, énurétiques, malades ou même d'apparents dissidents par loyauté envers leur père ou leur mère (ou envers leurs aïeux). À la manière d'humbles fantassins, ils se sacrifient pour tenter d'alerter leurs parents à la faveur de divers symptômes. Les psychothérapeutes le savent, eux qui, consultés pour une pathologie enfantine, cherchent la plupart du temps à déceler en quoi le symptôme apparent chez l'enfant met en lumière une réalité parentale.

Cette propension à se mobiliser en fonction de ses parents ne s'atténue pas avec les ans. Elle prend des formes nouvelles. À l'âge adulte, elle s'exprime à travers des options de vie ou des pathologies qui ne seront pas sans lien avec le destin paternel ou maternel emmené avec soi comme une histoire toujours agissante.

La question de la loyauté surgit avec une intensité nouvelle lorsque le couple parental se sépare. Un ensemble homogène éclate : d'un côté se situe l'univers maternel. De l'autre, le monde paternel. Que devient l'entité rassurante qui a conçu l'enfant que je suis ? Elle subsiste en termes de désaccord, de déménagement, d'incompatibilité et de conflits. Dans ce contexte radicalement nouveau, certaines paroles ont la faculté de libérer l'enfant ou de le transformer en allié. Dans le meilleur des cas, chacun des deux parents veille à ne pas s'en servir comme soutien.

La tentation double de l'alliance

Parent et enfant apportent tous deux leur contribution à la subtile constitution d'une alliance. La part de chacun est difficile à distinguer tant leur dynamique relationnelle est entremêlée.

Un soutien spontané

L'éclatement du couple est souvent vécu par l'adulte comme un événement traumatisant, *a fortiori* si le destin d'une fratrie s'y trouve mêlé.

Aux yeux de l'enfant, la souffrance visible de son père ou de sa mère constitue un élément de poids. Confronté à un parent qui vacille, l'enfant vit une expérience qui mobilise son psychisme au point de s'investir dans une mission réparatrice : « *Lorsque l'enfant assiste à la souffrance de ses parents : mésentente, divorce, maladie, chômage, dépression, etc. il est contraint de délaisser, voire de sauter son enfance pour s'ériger en enfant-thérapeute, parent de ses parents. Cette inversion générationnelle lui est dictée intérieurement par la nécessité vitale de soigner son parent malheureux, de le guérir, de le rendre opérationnel pour qu'il puisse se trouver de nouveau en mesure de remplir son rôle parental en prodiguant à son petit la nourriture affective, c'est-à-dire la sécurité et l'amour dont il dépend pour survivre et continuer son développement*[1]. »

Il n'est pas question pour l'enfant confronté à une situation de rupture d'en analyser les tenants et les aboutissants ni de « mesurer » son soutien. Il l'octroie avec force à celui des deux parents dont le désarroi est le plus évident. Ce mouvement de sollicitude est puissant. Il risque de se figer si, un jour, ce soutien a semblé vital de part et d'autre et n'a pas été désamorcé.

Du soutien au ralliement

Certains parents pris dans la tourmente émotionnelle propre à la séparation souhaitent obtenir l'approbation de l'enfant. Cet objectif n'est aucunement mal intentionné. Il va souvent de pair avec le désir d'informer l'enfant. Mais vouloir lui transmettre une « vérité » quant aux faits tout en recherchant son approbation est une attitude risquée. Elle peut cristalliser les premiers processus de ralliement. Ainsi, à travers une simple recherche d'acquiescement, un front commun face aux événements commence à se constituer.

1. Moussa Nabati, *Le fils et son père. Pour en finir avec le complexe d'Œdipe*, Paris, Éditions Les liens qui libèrent, 2009, p. 183.

Du ralliement à l'alliance

Parent et enfant découvrent peu à peu une forme de solidarité qui semble naturelle, nécessaire et bienfaisante. Elle se concrétise très souvent par l'usage du « nous ». C'est une étape cruciale. Le « nous » qui englobe enfant et parent exprime et scelle une cohésion qui va contraster avec l'isolement du parent mis à distance.

Le danger d'une solidarité de ce genre est souligné par Élisabeth Darchis et Gérard Decherf[1] : « *Lorsque l'enfant prend la défense de l'un des parents, celui-ci se sent moins seul et dira :* "Heureusement que je l'ai ; il me soutient, il me comprend, il me défend…" *Ce type de phrases est néfaste pour l'enfant. Différenciez bien l'amour conjugal et l'amour parental. Ce n'est pas toujours facile à accepter, mais laissez votre enfant libre d'aimer ses deux parents.* » Ainsi certaines paroles considérées comme banales vont conforter l'enfant dans ce rôle de soutien et cela n'ira pas sans conséquence.

Paroles libératrices

Une situation familiale douloureuse a pour effet de susciter chez l'enfant le mouvement de « secourir » le parent blessé. Témoin de cet élan, l'adulte est amené à s'émouvoir de ce soutien vécu comme un réconfort bienvenu.

L'amorce de cette dynamique peut sembler anodine. Il n'en est rien. En réalité, le destin de l'enfant est en jeu. Car si l'alliance se renforce et se métamorphose en « union sacrée », l'évolution de l'enfant risque d'en être profondément affectée. C'est pourquoi le soutien qu'il voudrait apporter se doit d'être tempéré ou même désamorcé, sinon il va s'amplifier, perdurer et constituer une

1. Élisabeth Darchis et Gérard Decherf, *La Séparation*, Paris, Nathan, 2008, p. 28-29.

prison : celle d'une loyauté univoque que l'on pourrait appeler monoloyauté ou hyperloyauté.

Durant la période qui suit la séparation, les paroles qui seraient libératrices pour l'enfant ne peuvent être efficaces que prononcées par l'adulte bénéficiaire du mouvement de loyauté. Hélas, le parent perçu comme « fragilisé » ne fait que difficilement preuve d'une telle lucidité. Il pense être le témoin d'un simple élan d'empathie de la part de l'enfant et en est touché. Certes, il constate un début de mise à distance de l'autre parent, mais il s'en accommode en estimant que ce choix appartient en propre à l'enfant. Cette amorce de rejet est donc acceptée sans tenter d'en protéger l'enfant. Plus tard, quand le parent « fidélisé » constatera l'aggravation de la défiance envers l'autre parent, il ne s'estimera en rien responsable puisqu'il aura la conviction que, dès le début, ce mouvement n'aura pas été suscité de l'extérieur mais clairement produit par l'enfant lui-même. Or, c'est précisément à ce stade initial que se noue le premier malentendu qui en générera une cascade d'autres.

Le danger d'une dérive vers la monoloyauté est mal perçu en temps de crise. Pour y parer, il appartiendrait au parent « solidarisé », au-delà de son vécu douloureux, d'avoir les paroles permettant à l'enfant de contenir son élan de loyauté qui, d'une certaine manière, va le déborder. Certes, l'adulte peut accueillir l'émotion de l'enfant, son désarroi ou sa colère. Mais pas le ralliement qui pourrait ensuite générer le rejet de l'autre parent.

Il faut préciser que l'élan de solidarité propre à l'enfant se manifeste parfois si vivement qu'il est difficile à contenir. Même si certaines paroles libératrices sont prononcées, elles ne suffisent souvent pas à l'affranchir de cette loyauté qui peut aller jusqu'à le priver de l'un de ses parents. Seul un délicat travail d'accompagnement – parfois répétitif – peut éviter à l'enfant de tomber dans les affres de ses louables intentions : se ranger aux côtés de celui qui, à ses yeux, en a le plus besoin ou en est le plus digne.

Mise à distance de l'autre parent

Durant la période à vif de l'après-séparation, il est réellement malaisé d'échapper à une amorce d'alliance tant l'enfant manifeste de manière émouvante son « désir de solidarité ». Dès lors, la tentation d'une consolation parent-enfant risque de devenir mutuelle et de se métamorphoser bientôt en une alliance indéfectible. Il arrive par exemple que l'enfant obtienne de dormir dans ce qui fut le lit conjugal. Le parent qui accueille son enfant de cette manière pense lui offrir une proximité bienvenue en temps de crise. Malheureusement, il lui octroie un certain pouvoir de consolation (de surcroit au cœur même de ce qui fut le lieu de l'intimité du couple). Immanquablement, l'enfant accède à une forme de privilège ; il se réjouit de pouvoir alléger quelque peu les douloureuses conséquences de la solitude conjugale ; il s'attribue un rôle nouveau qui n'est pas le sien. Ce malentendu, s'il n'est pas déjoué, marque une étape importante dans la mise en place de la monoloyauté.

Quant au parent absent, son statut se transforme peu à peu. Il est susceptible de devenir le dissident, le coupable. En cas de contact avec l'enfant, il apparaît comme celui qui tente de se réhabiliter – et dont il faut apprendre à se méfier.

> L'enfant qui opte pour ce soutien univoque en faveur de l'un de ses parents met parfois en scène de façon pathétique le choix qu'il s'inflige. Ainsi ce garçon de huit ans qui choisit de « désinfecter » une photo de son parent absent en la passant sous l'eau du robinet, cela sous les

yeux du parent « fidélisé », qui se montre persuadé que cet acte n'est aucunement déterminé par une dynamique de loyauté mais qu'il est la conséquence d'un mouvement autonome de défiance envers le parent absent.

En accueillant sans restriction ces manifestations de solidarité, le parent « fidélisé » croit bien agir et pense respecter l'enfant.

Parent protecteur

Lorsque la distribution des rôles est établie, il devient très difficile de la modifier. C'est pourquoi il est capital que les premières manifestations d'hyperloyauté soient contrées par des paroles convaincantes, sincères et répétées de l'adulte. Le moment est décisif. L'enfant semble tout d'abord surpris par les limites que son père ou sa mère entend mettre à son mouvement d'alliance. Il se montre presque déçu, mais ne va pas pour autant renoncer, car il est essentiel pour lui de se ranger aux côtés du parent qu'il estime maltraité ou en péril. Voilà pourquoi les paroles prononcées par l'adulte ne seront agissantes que si elles sont, comme on l'a dit, convaincantes, sincères et répétées.

L'enfant judicieusement soutenu peut parvenir à s'extraire du piège de l'hyperloyauté. La sincérité des paroles de l'adulte est capitale : si l'enfant perçoit réellement que son père ou sa mère ne souhaite aucunement son ralliement, alors peut s'amorcer un changement de cap. Cela n'ira pas sans difficulté dans la mesure où les liens de fidélité stimulés en période de crise s'avèrent résistants.

Si l'enfant échappe à l'écueil qui se présente à lui, il va connaître un sentiment de soulagement car il redécouvre la liberté d'éprouver un sentiment affectueux envers chacun de ses deux parents. Souvent, il est vrai, il revient à la charge, désireux d'apporter son plein soutien au parent qui semble mis à mal. Celui-ci doit donc faire preuve d'une grande constance s'il souhaite affranchir l'enfant de cette mobilisation à double tranchant. Rien n'est définitivement acquis. En effet, en repoussant le mouvement d'hyperloyauté, le parent inflige en quelque sorte une « privation » à l'enfant. Dès lors, celui-ci ne désarme pas car il souhaiterait accéder à ce plaisir fascinant : le don de sa personne au parent « lésé ».

Il est difficile pour une mère ou un père de demeurer stoïque face à un tel élan. Bien plus tard, des circonstances nouvelles pourront inciter l'enfant à manifester de plus belle sa loyauté : un désaccord entre parents séparés, un différend financier. L'enfant se sentira remobilisé par la tentation de la monoloyauté. Nouvelle étape. Nouveau défi pour freiner les ardeurs de l'enfant qui voudrait refonder l'union sacrée. Nouvelle nécessité de trouver les mots le libérant du risque de s'éloigner de l'autre parent.

On imagine sans peine ce qu'il advient quand le « parent solidarisé » n'a pas la rigueur de s'opposer à cette impulsion. Privé de paroles émancipatrices, l'enfant est emporté par son mouvement de défiance envers le parent perçu comme « traître ». Sa virulence peut allègrement dépasser celle du « parent-solidarisé », et quand celui-ci se met à vouloir tempérer certaines ardeurs, peut-être est-il déjà trop tard. Le mouvement est lancé ; il ne s'arrête pas. Il s'exprime notamment par la réticence de l'enfant à maintenir des contacts réguliers avec l'autre parent. C'est une étape importante car le « parent solidarisé » devra bientôt accomplir des prouesses pour que l'enfant accepte ces rencontres. Une telle circonstance n'est pas sans conséquence car elle apporte, aux yeux du « parent solidarisé », une preuve supplémentaire qu'il n'est en rien celui qui entrave la relation avec l'autre parent : au contraire, il s'évertue à convaincre l'enfant de se plier à cette corvée. Il est donc évident que le « parent solidarisé » se considère alors en parent adéquat et bien intentionné, ne participant aucunement à la mise à distance : l'enfant lui-même l'a librement souhaitée.

La formation d'une union exclusive avec l'un des deux parents est périlleuse. C'est un cadeau démesuré qui passe par une dépossession pour l'enfant. Voilà pourquoi il s'agit de mettre au second plan sa propre souffrance d'adulte pour se positionner en parent protecteur.

Lien sacré ou sacrifié ?

Il est ardu, en période de rupture, d'avoir des paroles pondérées. Cependant, pour certains parents, elles apparaissent naturelles car le lien de l'enfant avec l'autre parent est de l'ordre du sacré et de l'inaliénable : à aucun prix il ne serait toléré que l'enfant s'en prive et se laisse emprisonner dans le piège de la monoloyauté.

Souvent, cette protection parentale n'existe pas. Débute alors une longue dérive qui, sur des années, peut conduire l'enfant vers le reniement de son père ou de sa mère – qu'il aime pourtant.

Les « vérités » initiales

Les premiers temps de la séparation du couple sont propices à l'énoncé de « vérités » qui vont demeurer comme des piliers fondant certains rapports de force. Nombre de systèmes parentaux se figent et vont constituer un univers avec ses règles et ses interdits. L'enfant vivant à l'intérieur de codes particuliers qu'il n'a pas choisis les considère comme légitimes. Et dans la mesure où les divorces ou les séparations surviennent de plus en plus tôt, l'impact de ce phénomène va en s'accentuant : pour nombre d'enfants, un père et une mère sont résolument deux personnes de sexe opposé - vivant dans deux univers incompatibles.

En dépit des responsabilités plus ou moins partagées, il est fréquent que l'un des membres du couple (ou les deux) se présente comme victime de l'autre et ne se prive pas de le manifester auprès de l'enfant. Le but avoué n'est pas forcément de favoriser un ralliement, mais simplement de propager la soi-disant *vérité* des faits, celle qui permet de se proclamer « lésé principal » et donc en droit d'imposer son bon vouloir. Ainsi arrive-t-il que, dans la première phase de la séparation du couple, des limites ou des tabous soient énoncés comme des absolus : « *Les enfants ne viendront pas dormir chez toi.* » « *Ils ne voudront jamais connaître ton ami(e).* » « *Ils ne partiront pas en vacances avec toi.* ». etc.

Prononcés sous le coup de l'émotion ou de la colère, ces diktats vont créer un conditionnement difficile à contrecarrer. Le parent qui en est l'instigateur sera bientôt surpris par la détermination de son enfant qui va s'en faire le défenseur. La plupart du temps, le parent « fidélisé » tolérera mal d'entendre que c'est peut-être à travers les messages qu'il a transmis que se sont constituées certaines convictions chez l'enfant.

Certes, avec les mois ou les années qui passent, le parent « fidélisé » peut être amené à tempérer sa position. Pourtant, lorsqu'il souhaitera de la part de son fils ou de sa fille le même assouplissement, il l'obtiendra difficilement car il semblera naturel pour l'enfant de se montrer le défenseur inflexible de ce qui, un jour, a été perçu comme salvateur.

Relation d'emprise et intentionnalité

On peut tenter de définir la nature ou l'intensité de la relation d'emprise qui se développe entre enfant et parent (cf. annexe 2). Au-delà des classifications existantes, il est utile de préciser en quoi le processus d'endoctrinement peut être volontaire ou involontaire.

Endoctrinement volontaire

Ces cas sont minoritaires. Le parent agit sciemment. Il a conscience de vouloir influer sur l'enfant afin d'apparaître comme la victime, le lésé. En parallèle, le fait de discréditer activement l'autre parent permet de renforcer son propre statut d'unique parent fiable.

Un enfant soumis à cet endoctrinement a peu de chance de s'y soustraire. Et cela pour plusieurs raisons :

– L'enfant croit ce qui lui est dit, cela surtout s'il est très jeune. Il ne dispose ni de l'esprit critique ni de la maturité propres à l'adulte. Il est à la fois une victime innocente et une victime consentante. (Cette crédulité n'est pas uniquement propre aux jeunes enfants. Des adolescents, et même des adultes, sont susceptibles de ne pas discerner qu'ils sont soumis à un endoctrinement.)

– Le parent qui cherche à s'approprier l'enfant le considère en objet malléable à qui il faut absolument révéler où se trouve la vérité. Ce processus rencontrant peu d'opposition, il va en s'intensifiant.

– Face à des récits contradictoires émanant des deux parents, l'enfant va privilégier la version « dramatisée ». Elle impressionne davantage. Elle apparaît plus crédible.

La version moins saillante semble incomplète et suspecte. Elle ne fait pas le poids. Dans ces conditions, le parent ayant véritablement l'intention de marquer l'enfant n'hésite pas à confier des anecdotes qui dramatisent son propos et rendent plus crédible la dépréciation de l'autre parent.

– Le parent manipulateur découvre peu à peu les nombreux stratagèmes utilisables. Il parvient notamment à inculquer que c'est l'autre parent qui est mal intentionné et manipulateur. Dès lors peut se développer un système plaçant l'enfant au cœur d'une imposture : l'un des parents est vécu comme bon, aimable et ses intentions sont « pures ». L'autre est mauvais, fourbe et à considérer avec méfiance.

– L'enfant soumis à un endoctrinement de ce genre perçoit les jugements qui lui sont présentés comme très fiables. Il finit par être convaincu qu'il est « l'auteur » de ces pensées. Et cela à juste titre puisqu'elles deviennent réellement « siennes ».

Contrecarrer un endoctrinement volontaire est extrêmement ardu. C'est pourquoi il est nécessaire que certaines formes de manipulation soient mieux définies, ne serait-ce que pour familiariser les professionnels de la justice et de la santé avec une maltraitance sous-évaluée du fait que l'enfant ne s'en plaint pas et qu'il prend fait et cause pour le parent agissant.

Pour que notre propos soit le plus concret possible, nous évoquerons plus loin ce qu'est le « syndrome d'aliénation parentale » qui prive l'enfant de l'un de ses parents. Défini il y a une vingtaine d'années aux États-Unis, ce syndrome y est maintenant bien connu, permettant aux instances judiciaires et au monde thérapeutique de mieux se positionner et de réagir face à ce type d'abus. C'est malheureusement encore peu le cas en Europe où le « syndrome d'aliénation parentale » demeure pratiquement inconnu du grand public ; on utilise habituellement les termes de « relation d'emprise » ou de « relation fusionnelle » pour évoquer cette pathologie qui voit l'enfant devenir captif d'un adulte. Hélas, l'absence de concept plus spécifique a pour effet que nombre de cas se développent sans être bien identifiés.

Endoctrinement involontaire

Dans la plupart des cas, le parent « allié » n'a pas l'intention d'entraîner l'enfant vers une adhésion à sa propre cause. En tout cas, il n'en a pas conscience et demeure persuadé d'agir de manière neutre. Ce phénomène est extrêmement frappant à observer et il sera au cœur de notre propos : en dépit des conditionnements manifestes qu'il suscite, le parent « allié » réfute toute implication ou responsabilité.

Dans ce contexte, montrer comment se développe la captation de la pensée de l'enfant peut servir à mettre en lumière en quoi notre propre comportement s'en rapproche. Ce simple constat est de nature à susciter une prise de conscience bénéfique.

Le parent en proie à une forme de coalition avec l'enfant décrypte rarement comment s'instaure cette dynamique. En toute bonne foi, il ne remarque pas à quel point domine un bain de paroles qui va affecter durablement l'enfant. Celui-ci capte des conversations téléphoniques ou des commentaires de toutes sortes. Il assiste à des bribes de dialogue avec divers amis ou des membres de la famille. Il n'est aucunement en mesure d'y échapper, à la manière d'un air qu'il respire sans y songer. Il en résulte une forme d'évidence partagée par l'entourage du parent allié, intimement persuadé que l'enfant n'est en rien affecté par ces propos puisqu'il n'en est pas le destinataire. En réalité, ces discours délivrent des messages que l'enfant ne peut qu'assimiler.

Étrangement, le parent qui produit abondance d'avis au sujet de son ex-partenaire ne s'étonne pas de retrouver chez son enfant les mêmes jugements ou les mêmes convictions. À ses yeux, l'enfant n'est absolument pas « sous emprise ». Il est tout simplement « sensé » puisqu'il choisit « le bon camp », c'est-à-dire celui de la vérité.

Le parent manipulateur involontaire agit avec bonne conscience. Il s'estime injustement accusé s'il se sent remis en cause. Pour prouver sa bonne foi, il avance certains arguments qu'il juge solides :

– l'autonomie de l'enfant (« *Mon enfant est libre. Je respecte ses choix.* » « *Je suis accusé de le manipuler alors que c'est lui qui s'exprime et pas moi.* ») ;

– les limites de l'influence (« *On m'attribue des pouvoirs que je n'ai pas.* ») ;

– l'indépendance de l'enfant (« *Il ne se laisserait pas manipuler. Je l'ai habitué à dire ce qu'il pense.* ») ;

– la conflictualité existante (« *Mon enfant s'oppose à moi. Entre nous, c'est souvent conflictuel. C'est la preuve de son autonomie de pensée.* ») ;

– la bonne volonté parentale (« *C'est grâce à mon insistance qu'il accepte encore de voir son père [ou sa mère]. Je ne l'en détourne pas. C'est grâce à moi que les liens sont maintenus.* »).

Ces arguments maintiennent la conviction interne que l'enfant est libre de ses choix.

Toute emprise étant déniée, il est précieux d'observer comment s'est constituée l'alliance. En repérant attentivement les attitudes façonnant la relation d'emprise, on pourra discerner comment s'opère la captation involontaire de l'enfant.

En parallèle, il sera également éclairant de mettre en évidence quelles sont les paroles à valeur libératrice.

CHAPITRE II

Régime fermé et régime ouvert

Après la séparation du couple, il arrive que s'instaure un système foncièrement perverti qui tend à instrumentaliser l'enfant. Celui-ci capte fréquemment les jugements induits par l'un de ses parents (ou par les deux). Il est utilisé afin d'exercer un pouvoir à distance sur l'ex-partenaire.

À l'inverse, certains parents parviennent à respecter le droit de l'enfant à apprécier à la fois son père et sa mère.

Entre ces deux polarités, une multitude de situations moyennes génèrent tantôt des paroles libératrices, tantôt des paroles aliénantes. Vu leur fréquence, elles pourraient être décrites en priorité. Cependant, par souci de clarté, nous opterons pour le contraste. C'est pourquoi nous allons distinguer deux types de dynamique antagonistes : le régime fermé et le régime ouvert.

Le régime fermé

Il serait fastidieux de présenter toutes les variantes du régime fermé. Elles sont innombrables car chaque situation de vie possède sa spécificité et ne saurait être cernée par une classification.

Pour mettre en lumière ce que peut vivre un enfant captif d'une telle dynamique, nous décrirons une des formes les plus sévères du régime fermé, à savoir le « syndrome d'aliénation[1] parentale ».

Sévissant à la suite de séparations à haute conflictualité, ce syndrome illustre les méfaits d'un régime fermé fonctionnant a maxima. Il est requis d'en connaître les modalités car les comportements mobilisés dans cette pathologie se retrouvent, de manière atténuée, dans nombre de variantes moins sévères du régime fermé.

Forme extrême : le « syndrome d'aliénation parentale »

Cette dénomination est due au pédopsychiatre américain Richard A. Gardner[2] qui a introduit ce concept en 1985 puis l'a développé, notamment en 1992, dans son ouvrage *Le Syndrome d'aliénation parentale : un guide pour les professionnels de la justice et de la santé mentale.*

Ce syndrome a donc été défini initialement aux États-Unis. Il est méconnu en Europe mais suscite un intérêt grandissant de la part des médecins, psychothérapeutes et juristes. Il semble que le syndrome d'aliénation parentale concerne 5 à 10 % des situations d'après divorce.

En praticien, Richard Gardner s'est penché sur les cas douloureux où l'enfant refuse avec force de rencontrer l'un de ses deux parents. Par la suite, d'autres auteurs

1. « Aliénation » n'est pas entendu ici dans son sens premier (démence), mais dans son acception seconde (privation). « Aliéner un bien ou une personne », c'est « le perdre ou l'écarter ». À cet égard, l'expression « syndrome d'aliénation parentale » prête quelque peu à confusion. Il serait peut-être plus clair de parler de « syndrome d'éviction parentale ».

2. Richard Alan Gardner (1931-2003), pédopsychiatre, professeur à l'université de Columbia de 1963 à 2003.

ont proposé des modèles de compréhension pour de tels cas[1].

Gardner analyse expressément les situations extrêmes où un parent agit volontairement pour détourner son enfant de l'autre parent[2].

Bénédicte Goudard, auteur en 2008 d'une thèse de médecine consacrée au syndrome d'aliénation parentale le présente en ces termes : « *Ce système résulte d'une manipulation essentiellement inconsciente du parent aliénant, et du comportement des enfants eux-mêmes, qui perçoivent le parent aliénant comme victime, et veulent le soutenir. Malheureusement les faits s'enchaînent sur un mode pervers. L'entourage ne réalise pas ce qui se passe et, par acquiescement passif, entérine cette vision du monde. Plus le temps passe, plus cette version imprime la vie et les émotions de l'enfant ; elle constitue sa réalité et dès lors devient "vraie"*[3] ».

Il arrive qu'un enfant ait des raisons solides de rejeter son père ou sa mère (abus, traitement violent, abandon). Le syndrome d'aliénation parentale ne porte pas sur ces cas-là. Il concerne les situations où la relation entre l'enfant et le parent cible a été bonne avant la séparation. Ensuite, l'enfant a subi une campagne de dénigrement provenant du parent « aliénant »[4].

Le père ou la mère qui se trouve à l'origine du syndrome d'aliénation parentale reçoit généralement le soutien des tiers (famille, médecin, psychothérapeute,

1. Citons *L'Aliénation parentale* (Douglas Darnall) ; *Hostile Mother Syndrome* (Hayward) ; *L'Enfant aliéné* (Kelly & Johnston).

2. À la différence de Gardner, certains auteurs, tel Douglas Darnall, incluent sous la dénomination « aliénation parentale » les situations où le parent agit *sans projet* d'éviction du parent cible.

3. Bénédicte Goudard, *Le Syndrome d'aliénation parentale.* Thèse, faculté de médecine de l'université Claude Bernard Lyon 1, 2008, p. 9-10.

juge) lesquels ne détectent pas l'abus en cours. L'enfant lui-même apporte sa contribution au meurtre symbolique du parent rejeté. Il subit une amputation psychique tout en revendiquant son droit à pouvoir écarter « librement » son père ou sa mère.

Richard Gardner distingue pour ce syndrome trois niveaux de gravité : léger, moyen et sévère (cf. annexe 3). Au niveau sévère, cette dynamique aboutit toujours à une éviction du parent cible, rejet choisi et revendiqué clairement par l'enfant.

Le risque des raccourcis

Toute vision simplificatrice doit être soigneusement évitée, notamment celle qui désigne le parent résidentiel (qui vit au quotidien avec l'enfant) comme parent dénigrant. En fait, le parent qui n'a pas la garde de l'enfant est lui aussi en position de l'inféoder.

De même, il faut éviter toute polémique désignant soit les pères, soit les mères comme étant prioritairement responsables de dénigrement envers l'autre parent. Certains pères s'emparent de leur enfant et évincent la mère. Ils commettent un acte grave qui engendre souffrance et préjudice à la fois pour la mère et pour l'enfant. De même, il existe des mères qui se dispensent de laisser une place au père de leur enfant. Là aussi, la souffrance causée est importante. Aussi serait-il absurde d'attribuer la responsabilité de l'aliénation parentale principalement aux mères ou aux pères en s'appuyant sur des données chiffrées. Les uns

4. On parle de parent *aliénant, aliénateur, endoctrineur* ou *programmateur,* cela pour devenir le parent *favori,* le parent *préféré* ou le parent *aimé.* Le parent dénigré est désigné par différents termes : le *parent cible,* le *parent absent,* le *parent étranger,* le *parent satellisé,* le *parent perdu,* le *parent coupable,* le *parent évincé.*

et les autres peuvent commettre cette forme d'abus ou en souffrir.

De précieux jalons

La maltraitance psychologique susceptible d'affecter l'enfant de famille dissociée est difficile à combattre et demeure opaque. (Jadis les violences conjugales ont connu cette même occultation.) Le mérite de Richard Gardner est de proposer une définition qui cerne le phénomène.

Selon le pédopsychiatre américain, le syndrome d'aliénation parentale peut être repéré grâce à huit indices types.

1. *Campagne de dénigrement*. Par des propos répétés, le parent cible est présenté négativement. Il est tenu pour responsable direct ou indirect des malheurs présents. Les paroles ne sont pas forcément nécessaires pour agir. D'autres signes, comme des mimiques, des attitudes ou des sous-entendus servent à dévaloriser ou à rendre accessoire le parent évincé. La campagne de dénigrement peut se fonder aussi bien sur des accusations fausses que sur des griefs fondés envers le parent cible. C'est le ressassement qui rend efficace la campagne de dénigrement.
2. *Rationalisations insuffisamment convaincantes*. Les raisons invoquées par l'enfant pour justifier le rejet de son père ou de sa mère frappent par leur manque de consistance.
3. *Absence d'ambivalence*. L'enfant souffre d'une radicalisation de sa pensée : l'un des parents est jugé entièrement bon, l'autre est mauvais. L'un est adulé, l'autre est fortement critiqué. Toute ambivalence est exclue. (À cet égard, on constate que les enfants qui ont été victimes d'abus graves conti-

nuent, eux, à exprimer un certain nombre de sentiments positifs envers le parent abusif. En revanche, cette persistance de l'attachement n'est plus de mise chez un enfant victime d'endoctrinement.)

4. *Phénomène du penseur indépendant.* Un consensus s'établit sur le fait que le rejet est dû uniquement à l'enfant. Celui-ci ne perçoit pas qu'il a été l'objet d'une influence ou d'une manipulation. L'enfant affirmera : « *C'est ma décision. Je ne veux plus aller chez lui (ou chez elle).* » Le parent dénigrant complétera : « *Je voudrais bien qu'il aille chez son père (ou chez sa mère), mais mon enfant ne veut pas. Et je me battrai pour que personne ne le force.* »
5. *Soutien inconditionnel au parent dénigrant.* L'enfant se perçoit comme un gardien du parent dénigrant. Sa tâche est d'être une sentinelle face au danger représenté par le parent rejeté. L'enfant n'hésite pas à transmettre des informations sensibles à propos du parent éloigné. On parle à son sujet d'« enfant-soldat ».
6. *Absence de culpabilité.* L'enfant n'éprouve pas de culpabilité par rapport à l'éviction de son père ou de sa mère. Il se dit satisfait d'en être débarrassé. Il affirme que cela ne sert plus à rien d'avoir des contacts.
7. *Scénarios d'emprunt.* L'enfant participe activement à la campagne de dénigrement amorcée par le parent aliénant. On retrouve chez le parent et chez l'enfant les mêmes termes, les mêmes argumentations, les mêmes expressions.
8. *Extension de l'animosité envers les amis ou la famille du parent cible.* Le parent aliénant tente d'écarter ou d'annihiler les personnes qui pourraient exprimer un point de vue positif à propos du parent évincé.

Gardner fait remarquer que lorsque l'enfant connaît une période de rejet vis-à-vis de son père ou de sa mère *sans être victime de manipulation parentale,* il manifeste une certaine ambivalence, de la culpabilité, des doutes. Ce n'est pas le cas dans le contexte du syndrome d'aliénation parentale dont les modalités sont à rapprocher, selon Gardner, du phénomène sectaire. En effet, comme au sein d'une secte, les convictions solidement ancrées sont inflexibles. Une contre-argumentation est vaine car elle renforce les croyances en place. À partir du moment où l'enfant va dans le sens du parent dénigrant, il est complexe de lutter contre les effets de l'aliénation.

Le processus de soumission n'est pas exclusivement le résultat d'une manipulation délibérée : il peut prendre l'allure d'un choix « spontané » de l'enfant qui agit pour devenir le soutien inconditionnel de son père ou de sa mère. Ce phénomène d'alliance se développe rapidement si l'enfant vit en compagnie d'un parent perçu comme victime. L'enfant entre peu à peu dans la vision manichéenne qui lui est proposée.

Le pédopsychiatre Gérard Poussin décrit de quelle manière le parent blessé trouve appui sur celui qui, selon ses termes, va devenir un « enfant-objet » : « *Le parent se tourne vers son enfant, qui est enrôlé dans cette lutte contre-dépressive. Nous allons observer les deux temps de ce processus : tout d'abord le temps du combat contre le parent "coupable" d'abandon, et ensuite le temps de la revalorisation narcissique. Dans le temps du combat, l'effondrement parental est exposé bruyamment par le parent resté seul avec l'enfant, lequel est témoin de la souffrance et de la solitude du parent "abandonné". Ses repères, qu'il croyait sûrs, vacillent. D'un côté, il voit un parent qui souffre, qu'il doit secourir, pense-t-il, et qui lui dit clairement où sont les "bons" et où sont les "méchants". De l'autre, il rencontre celui qui les a quittés, qui semble vouloir construire une autre vie sans eux, qui tient des propos nuancés que l'enfant ne comprend pas très bien. Dans l'esprit de l'enfant, cette nuance est perçue comme de l'embarras. L'enfant va donc choisir le "bon" et s'identifiter totalement au combat contre-dépressif de son père ou de sa mère, combat qu'il croira être celui du bien et du mal*[1]. »

Richard Gardner signale divers facteurs incitant l'enfant à devenir un partisan du parent « victime ».

– La crainte de perdre le lien psychologique primaire avec ce parent est déterminante. Cette peur (même non-conscientisée) d'être privé de l'amour du parent aliénant est le facteur qui agit principalement sur l'enfant.

> Citons l'exemple de ce garçon âgé de quatre ans disant à son père, quelques mois après la séparation de ses parents : « *Je partirai jamais en vacances avec toi parce que maman m'a dit que si j'allais, elle s'occuperait plus de moi.* »
> Ce propos indique que l'enfant a capté une menace de poids. Son effet est puissant. De fait, il ne partira pas en vacances avec son père car la peur de compromettre l'amour du parent allié agit durablement sur l'enfant.
> Il est à remarquer que la mère de ce garçon est en mesure d'admettre la menace qu'elle a exprimée, mais sans pouvoir conscientiser que celle-ci influe sur l'enfant. Ce paradoxe (ou cette cécité) est caractéristique de l'aliénation parentale. Aux yeux du parent manipulateur, l'enfant agit librement.

– Le parent allié est perçu comme « parfait ». Par conséquent l'enfant est amené à s'identifier à lui. Il ne peut que prendre sa défense.

– Il arrive que l'enfant s'allie au parent dénigrant dans le but d'échapper à l'hostilité potentielle de ce dernier.

---

1. Gérard Poussin et Élisabeth Martin-Lebrun, *Les Enfants du divorce*, Paris, Dunod, 1997, p. 51.

– Manifester son agressivité envers le parent cible donne à l'enfant un sentiment de pouvoir.

– Rejeter le parent dénigré permet d'évacuer une forme de rage relative à la situation de séparation des parents.

Dans son ouvrage *Un poison du divorce : la contestation du lien parental par un ex-partenaire rancunier*, le Dr Richard Warshak, psychologue américain spécialiste de l'aliénation parentale, décrit les diverses stratégies utilisées par le parent aliénant.

1. *Ressassement.* Tout divorce donne lieu, de part et d'autre, à des jugements négatifs. Le parent dénigrant va ressasser les fautes de l'ex-conjoint. Par un phénomène de propagande, les messages transmis vont finir par être familiers à l'enfant. Un parent peut instrumentaliser l'enfant simplement en rabâchant les mêmes torts (qui peuvent être réels). Le ressassement permet également d'implanter des souvenirs reconstruits.
2. *Attention sélective.* Le parent aliénant attire l'attention de l'enfant sur les traits négatifs du parent à rejeter. Les aspects positifs sont passés sous silence. Sans même émettre de jugements négatifs, l'attention sélective subtile consiste à amener l'enfant à constater lui-même les failles du parent évincé.

3. *Attaquer le lien de parenté en agissant sur les noms.* Selon B. Goudard, il s'agit là du « *paroxysme de l'aliénation parentale* » : « *Il consiste à gommer et à effacer la part de l'autre parent dans l'identité même de l'enfant.* » (*Op. cit.* p. 24.) L'effet induit est puissant car il atteint la représentation symbolique de la personne ciblée. Plusieurs pratiques mettent en acte ce type de discrédit :

– Le parent évincé est affublé d'un surnom ou d'une dénomination désobligeante ;

– Le terme « maman » ou le terme « papa » n'est plus utilisé par le parent dénigrant. C'est l'usage du prénom qui est systématisé. Les répercussions en sont importantes. Le parent cible voit son lien avec l'enfant, tout comme son rôle, remis en cause. À terme, cela concourt à saper son autorité et son statut privilégié dans la vie et le développement de l'enfant ;

– Le nom de famille de l'enfant est changé. Cette initiative peut émaner du parent aliénant mais également de son enfant. Le parent qui agit dans ce sens rencontre l'approbation de l'enfant, apparemment satisfait de se distancer du nom du parent cible. Certaines mutations peuvent également affecter le prénom de l'enfant.

4. *Suggestions et allusions.* La critique ou les sarcasmes sont des moyens directs de dénigrement. Il existe d'autres procédés pour distiller la dévalorisation ; par exemple, si l'enfant manifeste son contentement à propos du parent cible, il suffit d'opposer froideur et désintérêt pour créer le malaise.

5. *Exploitation.* Le parent aliénant incite l'enfant à obtenir de l'argent ou des objets coûteux de la part du parent cible.
Dans les cas d'aliénation parentale sévère, l'argent est le dernier lien qui perdure entre l'enfant et le parent dénigré. Il est alors investi d'une forte valeur symbolique. L'enfant cherche à exploiter le parent cible, ce qui constitue une forme d'humiliation pour quiconque est réduit à l'état de « mère porte-monnaie » ou de « père porte-monnaie ».

6. *Jugement hors contexte.* Le parent aliénant isole certaines paroles (ou comportements) du parent cible pour les présenter en sa défaveur. Parfois le parent aliénant suscite une scène en présence de l'enfant afin de prouver que le parent cible est colérique, accusateur ou agressif.

7. *Mensonges.* Le parent aliénant donne des informations erronées ou incomplètes concernant le parent cible. Il laisse entendre à l'enfant des propos que l'autre parent n'a pas tenus.

8. *Révisionnisme.* L'histoire de l'enfant est revisitée et reconstruite. La place du parent cible est minimisée. Son rôle est terni.

9. *Théorie du changement total.* Face à une relation qui fut manifestement heureuse entre l'enfant et le parent cible avant la séparation, le parent aliénant est parfois en mal de remodeler le passé. Il développe alors l'idée que le parent cible n'est plus le même. Désormais, « *Il (ou elle) a complètement changé.* »

10. *Piété hypocrite.* La notion de rectitude morale sert de levier pour fustiger le comportement du parent cible.

11. *Appropriation du concept de vérité.* Le parent aliénant présente invariablement sa vision des choses comme relevant de l'unique vérité. Cette notion est centrale. Elle sert à affirmer que le dénigrement n'est pas mal intentionné. Et qu'il se justifie par simple souci d'être honnête envers l'enfant. Il s'agit en effet de lui communiquer en toute objectivité un exact « état des lieux », une vérité solide et incontes-

table qui lui sera utile. Mieux vaut qu'il soit au courant des turpitudes du parent cible. L'en informer est un devoir qui ne relève aucunement de la médisance, mais de la transmission de la « vérité ».

12. *Complicité.* Le parent aliénant émet des directives, notamment pour inciter l'enfant à ne pas parler de certains sujets. Il est valorisé quand il ramène des informations dérobées à l'insu du parent cible.
Tout code ou arrangement place l'enfant dans une relation de complicité avec le parent aliénant puisque le parent cible en est exclu.

13. *Alliance élargie.* Le parent aliénant se montre actif envers les personnes de son entourage ; il s'agit de les convaincre du bien-fondé de la campagne de dénigrement. Dans une fratrie, il arrive que l'enfant le plus fidèle au parent aliénant prenne le rôle de sentinelle surveillant les autres enfants.

14. *Conditionnement à la résistance.* Le parent aliénant met en garde l'enfant contre toute personne donnant un avis positif à propos du parent cible. L'enfant intègre qu'il s'agit là d'une tentative de manipulation et qu'il doit s'en préserver.

15. *Rationalisation.* Le parent aliénant convainc les autres (et se convainc lui-même) qu'il agit de manière fondée.

Lorsque le ralliement de l'enfant est totalement acquis, le parent manipulateur a particulièrement à cœur de faire respecter les choix soi-disant autonomes de l'enfant. Agissant avec bonne conscience, le parent aliénant est certain d'être un ardent défenseur des droits de l'enfant.

Dans la même perspective que le Dr Richard Warshak, le psychiatre Pedro Gonçalves propose une liste de dix-sept comportements « *qui sabotent la relation entre les enfants et l'autre parent* »[1]. En voici quelques-uns :

– planifier des activités avec les enfants durant la période où l'autre parent devrait exercer normalement son droit de visite ;

– présenter à l'enfant le nouveau conjoint comme devenant désormais son « nouveau père » ou sa « nouvelle mère » ;

– limiter les informations en ce qui concerne la vie scolaire ;

– ne pas communiquer les activités dans lesquelles l'enfant est impliqué ;

– reprocher la mauvaise conduite des enfants à l'autre parent ;

– parler de manière désobligeante du nouveau conjoint de l'autre parent ;

– partir en vacances sans les enfants et les placer chez des tiers alors que l'autre parent est disponible et volontaire pour s'en occuper.

Ces attitudes, par leur répétition et leur cumul, sont facteurs de mauvaise coparentalité.

Quelles perspectives thérapeutiques ?

Face aux situations d'aliénation parentale, il est difficile, voire impossible, d'intervenir avec succès. En effet, le parent aliénant parvient à convaincre juge et médecin qu'il est un parent adéquat en s'appuyant sur la parole de l'enfant qui joue son rôle d'allié avec une force parti-

1. P. Gonçalves et A. Grimaud de Vincenzi : « D'ennemis à coéquipiers. Le difficile apprentissage de la coparentalité après un divorce conflictuel », dans *Thérapie familiale*, Genève, 2003/3, vol. 24, p. 239-253.

culière quand la personne qu'il soutient est remise en cause.

Dès lors, un processus psychothérapeutique peut-il être imposé ? Dans sa pratique de pédopsychiatre, Richard Gardner constate que l'opposition du parent aliénant à toute intervention extérieure constitue un obstacle majeur. Néanmoins, puisque le syndrome d'aliénation parentale est maintenant reconnu par la juridiction américaine, certains tribunaux sont en mesure d'identifier cette pathologie et d'imposer un traitement. Mais seul un psychothérapeute formé en matière d'aliénation parentale peut déjouer l'opposition du parent aliénant et progresser dans son travail. Néanmoins il n'y parvient que grâce à la menace d'une intervention du juge. C'est à cette condition que Richard Gardner dit pouvoir dénouer les situations complètement bloquées : « *Le traitement de cette famille n'aurait pas été réussi si je n'avais pas pu compter sur l'autorité du tribunal pour me soutenir. Sans cet appui, aucune des stratégies n'aurait pu aboutir, et les enfants seraient devenus probablement complètement aliénés et séparés d'un de leurs parents. (…) Dans le traitement de ces familles, s'il n'y a pas de menaces, il n'y a pas de traitement.* »

La lutte contre le syndrome d'aliénation parentale

Les mesures préconisées par Gardner sont en partie mises en œuvre par certaines juridictions américaines.

Dans le cas d'un syndrome d'aliénation parentale de type *moyen*, le parent aliénant, selon Gardner, peut conserver la garde de l'enfant mais il est impératif que le psychothérapeute puisse œuvrer avec le soutien d'un juge capable d'utiliser des moyens de pression en cas d'obstruction ou de refus, à l'instar de ce qui se passe lorsque la pension alimentaire n'est pas versée.

Pour de nombreux cas, la simple intervention d'un juge susceptible de remettre en cause l'attribution de la garde des enfants suffit. Cette forme de contrainte extérieure est d'une importance majeure. Face à la prépondérance du parent aliénant, elle permet de restaurer le statut du parent évincé dont l'autorité est transgressée et impunément disqualifiée par l'enfant.

Les sanctions prévues aux États-Unis en cas d'obstruction à une thérapie ne manqueront pas d'étonner en Europe. La menace utilisée dans un premier temps peut consister en une réduction de la pension alimentaire. La majorité des cas se décantent devant la crainte engendrée par cette mesure. Le procédé peut surprendre. Il permet en réalité d'affirmer symboliquement qu'une autorité tierce s'affirme et qu'elle est prête à jouer son rôle afin de lutter contre une relation d'emprise.

En cas d'échec, une assignation à résidence de brève durée peut être imposée au parent aliénant afin que l'enfant puisse passer un certain temps avec le parent évincé, et cela à l'abri du parent aliénant qui souhaite « protéger l'enfant » du parent évincé.

Dans le cas d'un syndrome d'aliénation parentale de type *grave,* Gardner affirme qu'un changement au niveau du droit de garde est indispensable dans la mesure où parent aliénant et enfant vivent une forme de « folie à deux ». Il est préconisé d'accueillir l'enfant dans un lieu de transition qui permet de :
– contrer la relation d'emprise,
– sensibiliser l'enfant à une vision moins manichéenne de ses deux parents,
– réintroduire progressivement le parent évincé.

Ces mesures peuvent sembler difficiles à mettre en place. Selon Gardner, elles permettent dans la plupart des cas une restauration des liens affectifs avec le parent évincé dans un délai allant de quelques jours à quelques semaines. Dans la littérature (principalement anglophone) consacrée au syndrome d'aliénation parentale, il n'existe pas de consensus sur la question de savoir si un tribunal doit imposer à l'enfant des visites au parent évincé ou encore s'il a le pouvoir de superviser une psychothérapie (cf. annexe 4).

La situation diffère en Europe puisque le syndrome d'aliénation parentale y est méconnu. L'univers juridique et le monde médical se familiarisent progressivement avec la notion d'« aliénation parentale »[1]. Du temps sera nécessaire pour que s'institue entre eux une collaboration telle qu'elle existe parfois aux États-Unis. Signalons toutefois l'émergence de certaines évolutions positives[2].

Pour l'instant, il faut se rendre à l'évidence : les situations d'aliénation parentale se multiplient au gré de l'augmentation du nombre de divorces. En dépit de sa fréquence, le phénomène se répand sans être efficacement combattu. Il en résulte que nombre d'enfants sont privés d'un de leurs parents sans savoir qu'ils sont victimes d'une pathologie du lien qui n'a été ni décelée ni soignée.

1. L'expression « aliénation parentale » est couramment utilisée de manière générique pour évoquer le phénomène d'emprise (alors que le terme « syndrome d'aliénation parentale », dû à R. Gardner, est lié à la définition qu'il en a donnée).

2. – En France, le tribunal de Toulon a reconnu pour la première fois le syndrome d'aliénation parentale le 4 juin 2007 et a imposé les mesures jugées nécessaires.

– Au Canada, des cours destinés aux parents divorcés sont prévus. Les parents qui s'en dispensent sont défavorisés par la juridiction en place.

– En Allemagne, grâce à la *médiation de Cochem*, les intervenants du milieu judiciaire sont formés à ce genre de situation. Les parents sont tenus de s'expliquer et de proposer une pacification, et cela à travers une procédure assez rapide. En cas d'échec, si un parent refuse la médiation familiale, il est sanctionné.

Pour une mère ou un père évincé, recourir à un psychothérapeute ou à la justice semble pour l'instant voué à l'échec : en principe, la juridiction sollicitée prendra acte des propos de l'enfant, lesquels seront sans pitié pour le parent cible. Et au nom du respect de l'enfant, le parent évincé sera débouté.

Mobiles des parents aliénants

Certains modèles de compréhension proposent des hypothèses à propos des mobiles d'un père aliénant ou d'une mère aliénante. Cette recherche vise à mieux comprendre l'origine de comportements qui, au premier abord, semblent relever de la malveillance ou de l'irrationnel. Certaines clés de compréhension sont proposées qui permettent de mieux saisir les enjeux profonds d'agissements déconcertants. Il faut cependant se garder de toute généralisation car chaque situation et chaque personne demeurent singulières et non-réductibles à un modèle.

Médée, une femme blessée

Tout comme d'autres psychanalystes, Alain Depaulis se penche sur le cas extrême où Médée, quittée par son mari Jason, va tuer ses enfants pour en priver le père. C'est la trame de *Médée,* la pièce du dramaturge grec Euripide. Alain Depaulis émet l'hypothèse d'une « structure médéique » latente qui conduirait, sous sa forme exacerbée, à se servir de l'enfant pour blesser le père (cf. annexe 5).

Il s'agit nullement ici d'emprisonner la mère qui évince le père dans une définition, mais de saisir l'ampleur dramatique du sentiment de trahison qu'éprouve Médée et d'appréhender certains de ses mobiles inconscients.

Père « rapteur »

Quand un père évince la mère de l'enfant, celle-ci subit une souffrance aiguë. Une telle mise à l'écart s'opère au moyen des nombreuses stratégies déjà énumérées. S'y ajoutent certaines particularités. En voici quelques-unes :

– Le père remet en cause le maternage. En accusant son ex-femme de négligence ou de manque de tendresse, il l'attaque de manière pernicieuse.

– Le père fustige la vie intime de son ex-femme, notamment lorsqu'elle s'implique dans une nouvelle relation amoureuse.

– Souvent, c'est la responsabilité de la mauvaise éducation de l'enfant qui est attribuée à la mère.

– Une gestion financière déficiente est imputée à la mère, en particulier si elle est devenue parent hébergeant.

Pour certains pères, il est envisageable d'évincer totalement la mère, notamment en optant pour un lieu de vie très éloigné ou en enlevant l'enfant. Confrontées à cette distance géographique, nombre de mères (ainsi que des pères, bien entendu) se retrouvent démunies, subissant une forme de « rapt » qui laisse impuissant.

Le père, quant à lui, a toute lattitude pour développer sa campagne de dénigrement, si bien que l'enfant coupé de sa mère va se fidéliser au seul parent présent. Dans des circonstances de ce genre, il demeure difficile de convaincre le père « rapteur » qu'il commet un acte qui porte atteinte à son enfant.

Cette maltraitance émotionnelle s'accompagne parfois d'un autre préjudice : l'enfant est incité à penser que sa mère l'a abandonné. Ou alors, il est trompé sur la véritable identité de sa mère, la nouvelle compagne du père ou une personne tierce devenant référent maternel.

Les hommes qui agissent en vue d'éliminer la mère n'ont pas pour eux les quelques « circonstances atténuantes » de Médée. Ils agissent souvent froidement et dans leur seul intérêt. Ils se persuadent que leur enfant peut se passer de leur mère. Quant à la souffrance de celle-ci, elle n'est aucunement considérée. Dans la mesure où la mère constitue un point d'ancrage affectif essentiel dans l'histoire de l'enfant, l'aliénation parentale due au père qui élimine la mère est gravissime.

À l'inverse de ce que l'on remarque dans le cadre de la structure médéique, il semble que, chez l'homme, ce soit un narcissisme exacerbé (et non pas blessé) qui entraîne à vouloir être l'unique référence parentale.

L'enfant manipulé

Manipuler consiste à induire une attitude ou une pensée chez autrui tout en maintenant l'impression qu'il n'y a eu ni pression ni la moindre intention contraignante. Nous sommes tous, à des degrés divers, des « manipulateurs » dans la mesure où nous ne cessons de vouloir agir sur notre environnement humain en vue d'obtenir ce qui nous convient ou afin d'apparaître positivement.

Néanmoins il existe divers degrés dans cette pratique universelle. Quand les manœuvres et les stratégies sont si développées qu'elles créent une relation d'emprise, on peut parler d'un phénomène pathologique qui cause un tort grave.

Il existe des phénomènes de manipulation de masse qui sont frappants et nous choquent. En revanche, au niveau familial, les processus de manipulation créant une dépendance psychologique sont beaucoup moins perceptibles. Quant à leur impact, il est mal conscientisé : « *Il est crucial de comprendre que le syndrome d'aliénation parentale est un abus émotionnel aux conséquences aussi dévastatrices qu'un abus sexuel. En effet, sous couvert de l'amour, c'est un processus destructeur qui se met en place, un véritable viol psychique. La place de l'enfant n'est plus respectée. Ses besoins fondamentaux, à savoir le besoin d'un père et d'une mère sont niés.* » (B. Goudard, *op. cit.* p. 40.)

Le parent qui façonne une relation d'emprise agit la plupart du temps sans conscience de la portée de ses actes. Sa pratique devient, au fil des ans, une seconde nature. L'habitude s'installe de distiller paroles ou attitudes qui auront sur l'enfant l'effet souhaité. Ce processus devient si omniprésent dans la vie quotidienne qu'il n'apparaît plus pour ce qu'il est. Et c'est avec une bonne foi absolue que le parent manipulateur ne s'estime pas en cause si les pensées qui lui appartiennent sont devenues celles d'un autre. Par la suite, lorsqu'il constatera que l'enfant revendique avec force ces réflexions-là comme étant les siennes, il considérera qu'il sait s'affirmer avec discernement et en toute indépendance.

L'enfant manipulé se singularise par une sorte de raideur de pensée, comme s'il tenait strictement à son opinion. Cette rigidité peut s'expliquer : l'intégration des opinions propres à son environnement a été absolument nécessaire pour lui assurer une certaine stabilité de vie ; d'une certaine manière, les pensées qu'il a dû « importer » pour s'ajuster à son milieu ont nécessité un ancrage « volontariste ».

Néanmoins, cet enfant, si persuadé de ce qu'est *la vérité,* vit des épisodes singuliers où il est gagné par le doute. Il lui est alors difficile de s'apercevoir qu'il affronte une contradiction entre ce qui a été induit de l'extérieur et ce qu'il constate par lui-même. Malgré cet embarras, un tel enfant n'est pas en mesure de déceler en quoi il est manipulé. Car ce qui l'a façonné s'est développé d'une manière quotidienne et banalisée.

Un exemple pourrait illustrer cette réalité. Imaginons un enfant qui, à la faveur d'une campagne de dénigrement, a fini par intégrer que son père est un être avare ou manquant simplement de générosité. Quand cet enfant sera confronté à des actes généreux de la part de ce même père, il en sera déstabilisé. Si ces actes « parasites » se répètent, son malaise augmentera. Et si cette générosité devient évidente, l'enfant sera toujours plus troublé. Il s'agira alors pour lui de rétablir une certaine cohérence face à deux images paternelles contradictoires. Mais comment y parvenir ? Cet enfant ne va pas remettre en cause la conviction « importée » (mon père est avare). Il va la privilégier par fidélité. En effet il est vital que la « conviction importée » domine. C'est pourquoi l'enfant tente d'invalider la perception qui lui appartient en propre. Cependant, cette forme « d'automanipulation » ne va pas de soi, car il est malaisé de battre en brèche ce que l'on constate de ses propres yeux.

Plusieurs procédés peuvent intervenir pour réussir à éluder une réalité dûment constatée :

– Le premier s'apparente à une sorte de « cécité » qui permet d'écarter le paradoxe encombrant ;

– Un autre artifice consiste à mettre en doute l'authenticité de ce qui est constaté. Dans l'exemple choisi, l'enfant développera l'idée que son père manifeste une générosité de façade, et que toute attitude généreuse de sa part est entachée d'hypocrisie. Cette nouvelle conviction pourrait s'appeler « la vision rectifiée ».

Tôt ou tard, l'enfant va réussir à valider cette « vision rectifiée ». Comment ? En la confiant au parent manipulateur. En effet, celui-ci l'écoutera avec attention et accréditera la « vision rectifiée ». Plus concrètement, le parent manipulateur approuvera l'hypothèse que la générosité du père est de façade. Et il valorisera la perspicacité de l'enfant qui aura su déceler le comportement hypocrite du père.

En quelque sorte, la générosité effective (qui posait problème) a ainsi été évacuée. Tout d'abord par une construction de l'enfant et ensuite par la validation du manipulateur.

Ce genre de processus ne se développe pas sans trouble intérieur. L'enfant est partagé entre ce qui est inculqué à bas bruit et ce qu'il constate. Entre ses perceptions et leur autonégation.

Pour s'affranchir de cette situation, il arrive que l'enfant exprime le souhait de moins voir le parent cible (en l'occurrence le père, dans cet exemple). C'est là une manière efficace de diminuer la tension interne.

Par la suite, l'enfant ne se fait pas faute de confier qu'il se sent mieux dès lors qu'il voit moins son père. Cette étape n'est pas sans conséquences : le parent manipulateur, en toute sincérité, en déduit que c'est le comportement hypocrite de ce père qui est déstabilisant pour l'enfant. Et dans ce contexte, il est soulagé par la diminution des contacts.

Ainsi, en partant d'une hypothèse fausse (la non-générosité), l'enfant aboutit, par palier, à la confirmer et à en faire une vérité.

L'aliénation parentale et son développement dans le temps

L'aliénation parentale (au sens générique) se développe fréquemment sous une forme atténuée qui la différencie du « syndrome d'aliénation parentale » proprement dit, dans la mesure où le contact avec chacun des deux parents est maintenu. Au gré des événements, c'est une dynamique qui connaît des phases diverses. Crises et accalmies se succèdent. La vie entière d'un enfant (ou d'un parent) peut être marquée par ces fluctuations.

Une prise de conscience différée

Il est frappant de constater que des mères ou des pères très motivés et riches d'une histoire affective de qualité avec leur enfant peuvent en être privés.

Peu après la séparation du couple, ils n'ont pas immédiatement saisi ce qui se mettait en place. Ils ont pensé déjouer les attaques à leur endroit ; ils ont patienté, espéré ; ils ont imaginé que la tempête était passagère ; ils ont gardé confiance en ce lien profond tissé depuis le moment de la naissance avec leur enfant. Persuadés que celui-ci ne ferait pas siennes les opinions virulentes de l'ex-partenaire, ils ont minimisé les premiers signes de désaffection. Quand leurs droits n'étaient pas respectés, ils ont préféré ne pas envenimer la situation par un recours à la justice. Ils se sont montrés conciliants. Ils ont tablé sur le temps pour rétablir enfin une situation harmonieuse.

Face à un parent aliénant, cet optimisme constitue un leurre. Le temps n'a pas le pouvoir de dénouer les situations d'aliénation et de manipulation. Au contraire, il est le meilleur allié du parent aliénant : plus l'enfant passe du temps avec lui, plus l'emprise sera sévère.

Renforcement et situation de non-retour

Le processus d'aliénation parentale s'amorce souvent très tôt, c'est-à-dire dès la séparation du couple. La situation peut connaître des hauts et des bas. Mais inéluctablement, du fait de l'action régulière du parent aliénant, certaines convictions (répétées à chaque âge de la vie de l'enfant) vont se cristalliser. Un cercle vicieux se met en place car aussi bien l'enfant que le parent qui l'instrumentalise sont en peine de freiner le processus en cours. Une stimulation réciproque vient sans cesse relancer la dynamique et l'entretenir. Par souci de cohérence, il est nécessaire de se convaincre mutuellement d'être dans le vrai.

Clivage de la pensée

L'enfant qui évince son père ou sa mère ressent initialement une part de malaise. Il parvient à s'en libérer en développant une vision clivée du duo parental (l'un est « tout bon », l'autre « tout mauvais »).

La réalité sera désormais considérée en fonction de ce manichéisme de base. C'est d'ailleurs une réaction « saine » pour l'enfant, dans la mesure où elle lui permet d'atténuer le sentiment de culpabilité (qui est susceptible de l'envahir dès lors qu'il évince activement l'un de ses parents).

Ce qui est « bon » n'est plus intégrable

Un autre phénomène est à signaler : dans le cas d'une emprise sévère du parent aliénant, l'enfant est si imprégné par le « mauvais » qui est attribué au parent rejeté qu'il n'est plus en mesure de considérer le « bon » qui lui est associé. Les aspects positifs ne sont plus intégrables. Ils décontenancent l'enfant endoctriné : « *Je ne sais pas vraiment qui est mon père (ou ma mère).* » « *Quand il (elle) rit, je ne sais pas s'il (elle) rit vraiment.* » « *Je ne sais pas que penser de lui (ou d'elle).* »

Cet état de confusion est suscité par l'existence de deux réalités inconciliables : la pseudo-vérité ressassée par le parent dénigrant et ce qu'il est possible de vivre effectivement avec le parent cible. La tension est parfois si forte que l'enfant souhaitera raréfier les contacts.

Crise éphémère ou aliénation parentale ?

Il arrive que l'aliénation parentale ne soit pas repérée, car assimilée à une crise momentanée et banale vécue par un enfant qui manifeste révolte, rejet ou désir de s'affirmer. Plusieurs éléments permettent de distinguer crise passagère et rejet lié à l'aliénation parentale : en effet, la mise à l'écart d'un seul parent, l'absence d'ambivalence et de culpabilité sont révélateurs d'un processus d'une autre nature que la crise éphémère

Rencontres de convenance

Avant d'écarter complètement le parent dénigré, l'enfant consent à le voir toujours plus épisodiquement. Pourtant le cœur n'y est plus : l'enfant (ou l'adolescent) se détache intérieurement du parent dénigré.

Soulagement

La suppression de tout contact va représenter un soulagement car l'enfant s'extrait définitivement d'un conflit de loyauté toujours plus insoluble.

Il arrive que l'enfant déclare (avec sincérité) qu'il a besoin d'un peu de temps (quelques semaines ou quelques mois) afin de s'accoutumer à l'idée de se revoir. En réalité, il s'agit là d'un faux espoir car le processus d'aliénation va en se renforçant. C'est pourquoi les retrouvailles annoncées « pour plus tard » sont l'indice que l'enfant éprouve encore quelque difficulté à affirmer son refus de tout contact.

Durant cette période délicate où les liens sont distendus et que le processus d'aliénation parvient à son terme, il suffit que le parent évincé commette une erreur (insistance, expression de son impatience ou de sa souffrance) pour que l'enfant ne se sente « pas respecté » et trouve là le motif justifiant la suspension de toute rencontre.

Statu quo

Dans ces circonstances extrêmes, le parent dénigrant pourrait-il desserrer l'étreinte de la relation d'emprise ? Il est erroné de considérer qu'il est en mesure de faire marche arrière, car il n'est pas envisageable de prendre le risque de se désavouer ou d'être discrédité aux yeux de l'enfant.

Dans la plupart des cas, le parent aliénant refuse la remise en question. Il s'accroche à son statut de victime et attribue la responsabilité de sa souffrance au parent évincé. Cette dynamique n'est pas sans parenté avec l'ancestrale stratégie du bouc émissaire qui a le pouvoir de renforcer les alliances intérieures grâce à l'existence d'un « ennemi extérieur ».

Il est probant de constater que le parent aliénant est rétif à toute psychothérapie. En effet une médiation serait encline à légitimer la part de chacun dans l'éducation de l'enfant. Or le fait est de demeurer le seul bon parent n'est pas perçu comme un déséquilibre préjudiciable pour l'enfant.

Situation paralysante

Les pères et les mères évincés, à force d'être privés de « convivialité parentale », voient leur relation à l'enfant s'appauvrir. Quelles que soient les qualités humaines mobilisées, il est malaisé de résister à un processus d'éloignement aussi inexorable que la dérive des continents.

Le parent écarté se retrouve ainsi dans une situation paralysante. Plus il tente d'argumenter, plus il renforce le rejet. S'il obtempère face à certaines demandes matérielles, il confirme son statut de coupable (qui veut se « racheter »). S'il ne cède pas sur ce plan, il renforce le mal qu'on pense de lui. S'il est actif, on dira qu'il « harcèle ». Et s'il prend le parti de demeurer en retrait, il sera jugé démissionnaire. À terme, il est amené à vivre une forme de deuil alors même que l'enfant est en vie. Un « deuil » secret. Un « deuil » sans cérémonie. Un « deuil » aggravé d'une souffrance due à l'hostilité de l'enfant.

Notons que lorsqu'un conflit parent-enfant se développe de manière dynamique et qu'un dialogue (même difficile) est maintenu, un espoir subsiste : ce type d'affrontement peut être utile à la formation identitaire de l'enfant. En revanche, dans le cas de l'aliénation parentale, le conflit s'enlise. La situation est mortifère. De multiples « vérités » imprimées dans l'esprit de l'enfant bloquent toute évolution. Au lieu de progresser, chacun s'enferme dans sa conviction.

Renforcement du rejet

Face à une situation pervertie, il est tentant de s'en remettre à l'adage qui voudrait que « le temps finit par arranger les choses ». Or ce n'est pas ce qui arrive. Un scénario inexorable est en marche. De mois en mois, d'année en année, le discrédit frappant le parent rejeté se renforce au gré de chaque évènement pouvant susciter une interprétation péjorative. Même les souvenirs positifs sont reconsidérés à travers un nouveau prisme.

Le temps qui passe a pour effet de renforcer le sentiment d'éloignement. L'enfant que l'on ne voit plus (ou très peu) évolue et se transforme. Le lien s'effiloche. Certaines périodes de la vie de l'enfant (ou du parent évincé) resteront dans l'ombre. Aucun retour dans le temps ne sera possible.

L'espoir peut résider dans une intervention extérieure susceptible de rétablir un équilibre entre les deux parents. Mais cette perspective étant souvent impossible à mettre en place, nombre de situations se pérennisent.

L'indifférence ou l'hostilité prévalent. Des années, et parfois toute une vie se passera sans plus se voir.

Certes, il arrive qu'après une séparation de longue durée le contact puisse se rétablir aisément. Mais cela demeure l'exception.

Le sentiment d'impuissance du parent évincé

Dans un régime totalement fermé, la situation de parent évincé est particulièrement douloureuse : « *Le parent aliéné est déchu tacitement de son statut de parent. L'humiliation est massive. Se faire rejeter et rabaisser par ses propres enfants affaiblit peu à peu l'estime de soi du parent aliéné.* » (B. Goudard, *op. cit.* p. 33.)

Le sentiment qui domine est l'impuissance : « *Une fois le processus enclenché, le moindre de ses gestes est toujours interprété de manière négative par ses enfants. Le parent aliéné ne peut plus rien faire pour se réhabiliter.* » (*Ibid.* p. 32.)

Une situation d'aliénation parentale transforme la mère ou le père de l'enfant en une personne vue comme mauvaise. Les conséquences d'une stigmatisation de ce genre sont nombreuses. Le parent évincé peut être amené à vivre un « syndrome de stress post-traumatique », avec dégâts physiques ou psychiques. Parfois, le désespoir conduit à un syndrome dépressif, voire à un suicide. Dans certains cas, le désespoir conjugué à un sentiment de fureur peut amener le parent évincé à imaginer un scénario de crime. Rares sont les personnes qui passent à l'acte. L'éloignement géographique, sorte d'exil volontaire, peut également apparaître comme une solution. Ces réactions véhémentes sont d'autant plus fréquentes que le parent évincé se perçoit isolé : l'entourage, le médecin, les services sociaux, le système judiciaire semblent prendre unanimement le parti du parent qui est allié à l'enfant (dont la parole est considérée comme une référence absolue pour réprouver le parent cible).

Supporter une mise à l'écart de cette ampleur est éprouvant. Une dégradation de la santé physique peut en découler, occasionnant une moindre efficacité professionnelle ainsi qu'une possible régression sur le plan matériel.

Face au rejet, il existe d'autres issues que la dépression, le deuil impossible, la maladie, l'exil ou le désespoir. Divers auteurs proposent des alternatives concrètes afin de ne pas se laisser submerger par le sentiment d'impuissance. Il s'agit de découvrir comment évoluer face à l'adversité pour devenir un parent qui sera le plus adéquat possible en dépit d'une situation mortifiante (cf. annexe 6). C'est une lutte difficile et complexe. Il faut tout d'abord accepter d'être perçu comme « mauvais » par l'enfant aimé, et maintenir envers et contre tout une « conscience parentale » soucieuse du bien de l'enfant.

Pour utiliser une comparaison qui pourrait étonner, vivre en parent évincé peut s'apparenter à l'expérience de l'incarcération : les contacts avec les personnes aimées sont restreints, voire abolis. Il faut pourtant vivre. Ou survivre. Parfois sans savoir si les retrouvailles avec l'enfant seront possibles. L'épreuve est exigeante. Il s'agit tout d'abord de parvenir à une « acceptation » de la réalité telle qu'elle est. À certains égards, le parent évincé peut éprouver le sentiment de devoir passer par une sorte d'« acceptation inacceptable ». Tel est le prix à payer pour atteindre une forme de pacification interne qui va s'avérer être une alliée pour demeurer un « bon parent », même évincé. Le but ultime n'est pas de renoncer à son rôle de parent, mais de traverser les épreuves en restant fidèle à son éthique personnelle et en inventant les moyens d'une action positive, aussi minime soit-elle.

Risques accrus de renoncement

Au moment de la séparation, la plupart des parents manifestent leur attachement envers l'enfant ainsi que leur désir de maintenir les liens en s'impliquant affectivement, éducativement et financièrement. Malheureusement, les régimes fermés qui sévissent par la suite sapent les bonnes intentions initiales. Les obstacles rencontrés, les déceptions, le sentiment d'être mal jugé, l'impression d'agir en vain, les conflits lancinants vont peser. Les meilleures intentions du monde s'en trouveront affaiblies.

La puissance du lien filial permet de demeurer longtemps une mère ou un père engagé et enthousiaste. Pourtant, l'élément temporel va agir de manière implacable. Le lien à l'enfant évolue dans la mesure où il est conditionné par de nombreuses limitations. L'enfant lui-même manifeste moins d'empressement à voir l'un ou l'autre de ses parents. Certaines mères ou certains pères en viennent à prendre de la distance. Cette amorce de détachement est parfois favorisée par la naissance d'un enfant issu d'une nouvelle union qui, elle, offre un cadre harmonieux.

Ainsi une coparentalité douloureuse est-elle source de désinvestissement affectif. Le phénomène est particulièrement regrettable lorsque les deux parents, après séparation, étaient résolus à s'investir activement. Certains pères, notamment, se montrent plus impliqués envers leur enfant qu'ils ne l'étaient avant la séparation. Mais cette ébauche de renouvellement aboutit à un résultat fort différent selon les cas. En régime fermé, une forme d'usure et de découragement compromet ce nouveau départ. À l'inverse, le régime ouvert offre le cadre propice pour instaurer une parentalité parfois vivifiée. On imagine par conséquent combien va être décisif le régime mis en place. S'il est conflictuel et mangeur d'énergie, il peut réduire à néant les bonnes intentions qui se faisaient jour.

Maintenir le couple « pour l'enfant »

Alors que le couple vit encore sous le même toit, la perspective de la séparation peut sembler effrayante au niveau parental. En effet, comment imaginer vivre en étant fréquemment privé de la présence de l'enfant alors que rien ne semble plus précieux que le contact suivi, la complicité, les rires et les échanges tels qu'ils existent au présent ? Et comment envisager d'imposer à l'enfant deux foyers distincts ?

Confrontées à l'échec de leur couple, nombre de personnes en repoussent l'évidence car elles ne peuvent se résoudre à l'éclatement de l'entité familiale. La perspective de bouleverser leur existence de parent les déstabilise. Le statu quo est donc préféré à toute autre solution, figeant ainsi une situation précaire.

À l'arrière-plan de cet immobilisme se profile clairement le spectre d'une vie parentale tronquée. (Vu la multitude des séparations de couple, chacun est au courant des vicissitudes qui s'annoncent.) La perspective de vivre en régime fermé après séparation est très destabilisante. De surcroît, la menace d'un régime fermé peut servir à faire hésiter la personne qui exprime une intention de rupture. Par conséquent, alors même que le couple poursuit sa vie commune, le régime oppressant qui semble promis va conditionner les choix. Comme une épée de Damoclès, le statut délicat de « parent hébergeant » ou de « parent non-hébergeant » est présent au-dessus des têtes. Un insidieux rapport de force s'instaure avant la séparation, incitant le parent qui pense détenir une position dominante à élever le niveau de ses exigences.

Il n'est pas exagéré d'affirmer qu'alors que le couple en perdition vit sous le même toit, l'enfant peut constituer un « otage » potentiel. Cette dynamique pernicieuse a la faculté de figer un statu quo malheureux. À l'inverse, la perspective de pouvoir fonder après la séparation un régime ouvert contribue à des choix sincères.

Régime mi-fermé

L'aliénation parentale telle que nous venons de la décrire est emblématique d'un régime strictement fermé.

L'expression « régime mi-fermé » évoque une multitude de situations d'après-séparation où alternent les attitudes positives propres au régime ouvert et les attitudes néfastes du régime fermé (cf. annexe 1).

On peut parler de « régime mi-fermé » pour la plupart des cas où, même si la communication entre parents est problématique, les liens peuvent être maintenus de part et d'autre avec l'enfant. Certes, celui-ci demeure exposé aux conflits de loyauté mais il vit en pouvant s'en accommoder. Contrairement à ce qui se produit dans le cadre du syndrome d'aliénation parentale, il élabore une image contrastée de son père et de sa mère et ne tombe pas dans le manichéisme ni dans le rejet. On pourrait parler de « conflit de basse intensité » pour qualifier nombre de régimes parentaux mi-fermés qui font l'économie d'une hostilité chronique et ménagent des accords minimums.

Certaines situations qui, dans un premier temps, risquaient de s'enliser dans les affres de l'aliénation parentale peuvent, grâce à un certain relâchement du conflit, s'acheminer vers un régime mi-fermé. Mais le risque d'une dégradation persiste. Elle peut survenir à la faveur d'événements nouveaux (différends financiers, naissance, apparition d'un nouveau conjoint).

En elle-même, cette situation médiane n'est pas sans générer une part de souffrance. Le danger est latent. Personne n'est à l'abri d'une crise douloureuse. La sérénité propre au régime ouvert ne peut dispenser ses effets positifs. Néanmoins, l'espoir subsiste car il est toujours possible, à la faveur d'un développement personnel, d'aménager une meilleure coparentalité.

Le régime ouvert

La dynamique propre au régime ouvert ne peut se déployer qu'à partir d'une séparation bien assumée. Les deux ex-partenaires se considèrent avant tout en tant que parents. Ils se situent au-delà de l'éventuel ressentiment propre à leur séparation et veillent à instaurer une relation d'un genre nouveau. Tous deux se réjouissent que leur enfant puisse développer un contact complice à la fois avec son père et avec sa mère. Son bien-être est constamment placé au centre des préoccupations.

Si l'ambiance est sereine, si les parents parlent au bon moment et avec des mots adéquats à leur enfant, ce dernier peut traverser la mutation du divorce ou de la séparation en s'épargnant une souffrance trop vive. Il importe pour cela que les questions de logement, du droit de garde et des apports financiers soient résolues.

Le parental et le conjugal

Un régime ouvert se met en place à partir d'une claire distinction entre le niveau conjugal (en phase de rupture) et le niveau parental (en phase de transformation). L'abandon rapide de tout contentieux est une nécessité essentielle pour instaurer une dynamique qui ne soit pas polluée par le ressentiment, le regret, la victimisation, l'amertume, l'accusation ou le désir de revanche.

Maturité affective

Une évolution positive est compromise si l'un des partenaires (ou les deux) est faible narcissiquement, voire immature au point de redouter la « perte de l'enfant » au moment où éclate la cellule familiale. En effet, cette menace vécue de manière intense peut être à l'origine d'une tentative d'appropriation de l'enfant – qui constitue un des jalons du régime fermé.

Valorisation mutuelle et gratitude

Il importe que chaque parent s'efforce de valoriser la place de la mère et du père de l'enfant. Le régime ouvert se consolide grâce à cet égard mutuel. Une forme de gratitude réciproque peut s'installer et aller crescendo. Chacun se réjouit sincèrement que son enfant ait accès à ses deux parents. Dans le meilleur des cas, une coparentalité vivante peut se constituer dès lors que les tracas liés à la vie amoureuse d'autrefois n'ont plus lieu d'être.

Stabilité et vision d'avenir

Il est erroné de croire que les enfants vont forcément souffrir gravement de la rupture du lien amoureux entre leurs parents. Car ce qui importe pour eux, c'est essentiellement une forme de stabilité et d'harmonie dans le duo parental. La séparation n'a pas fatalement pour conséquence la dysharmonie entre le père et la mère de l'enfant.

Des griefs importants (et réciproques) ne devraient pas constituer des obstacles à un processus de pacification. Même si des reproches graves existent, ils ne peuvent justifier une coparentalité belliqueuse. Aucune

« bonne » raison ne saurait être invoquée pour justifier le dénigrement de l'autre parent.

En régime ouvert, le bien-être de l'enfant incite à abandonner tout désir de revanche. Ainsi, quel que soit le passé (sauf sévices graves), les deux partenaires ont en mains le destin de leur relation parentale.

Refus de se victimiser

La séparation est mieux vécue par l'enfant s'il constate que ses parents peuvent traverser les difficultés sans s'accuser mutuellement et sans se victimiser. Lorsque l'enfant a conscience que chacun de ses parents affronte sa part de souffrance et la surmonte, il peut envisager ce bouleversement comme une étape et non pas comme le renforcement des hostilités et l'effondrement d'un idéal.

Enfant à l'abri de la conflictualité

L'enfant ne demande pas à être mêlé à la conflictualité conjugale ou parentale. S'il en est tenu à distance, il ne s'en plaindra pas. Sa non-implication est la condition *sine qua non* pour la mise en place d'un régime ouvert. Exonéré des conflits de fidélité si contraignants pour lui, l'enfant conserve la possibilité de manifester son attachement envers sa mère et son père, et tous deux s'en réjouissent.

Le régime ouvert ne représente pas un leurre. Pour preuve, nombre de parents ayant acquis une bonne maturité émotionnelle savent l'instaurer. Pour présenter cette dynamique, il nous semble pertinent d'évoquer à l'aide d'exemples comment fonctionne une harmonieuse coparentalité d'après séparation.

CHAPITRE III

Situations de vie en régime ouvert ou fermé

Pour créer une dialectique fructueuse, nous avons distingué deux régimes antagonistes : le premier se nourrit de l'immaturité affective, du ressentiment, de la manipulation et du non-respect du bien-être de l'enfant. Le second a pour condition la maturité affective, le solde de tout contentieux, le dialogue, la sauvegarde de l'union parentale et le respect des droits de l'enfant à vivre une bonne relation avec chacun des deux parents.

Par commodité, nous partirons toujours d'une situation concrète et nous décrirons les attitudes propres au régime ouvert ou au régime fermé. En ce qui concerne ces exemples, il pourrait être utile de préciser les antécédents des protagonistes et leur situation familiale. Nous prendrons le parti de nous en dispenser et d'évoquer de manière elliptique ce qui offre à l'enfant la liberté de témoigner son attachement envers ses parents ou ce qui l'en prive.

Notons encore que ces exemples s'inscrivent principalement dans la configuration habituelle d'après séparation, à savoir celle qui crée un parent hébergeant et un parent non-hébergeant. Néanmoins, ils peuvent également s'imaginer dans le contexte de la résidence alternée, laquelle génère également attitudes « ouvertes » ou « fermées ».

Les parents que nous sommes n'ont qu'une conscience restreinte de l'impact de leurs paroles ou de leurs attitudes sur l'enfant. Ce phémonène est si déconcertant qu'il nécessite d'entrer dans les épisodes les plus concrets pour mieux comprendre la véritable incidence des postures parentales.

Avant d'entrer dans cette phénoménologie, il est nécessaire d'insister sur l'importance de ce qui est « premier » : comment sera décidée l'heure du retour après la première visite chez le parent éloigné ? Comment sera accueilli le premier récit de l'enfant désireux d'évoquer ce qu'il vient de vivre ? Comment sera vécue la première réunion de parents d'élèves ?

Chacune de ces expériences initiales va peser sur la suite et tendra à instaurer certaines règles révélatrices du climat existant autour de l'enfant.

Les pleurs du départ

Au moment de quitter son père ou sa mère, il arrive que l'enfant, en particulier lorsqu'il est très jeune, exprime sa réticence sous forme de pleurs ou en se réfugiant dans les bras du parent dont il peine à s'éloigner. Cette attitude n'est pas rare lors des premières « transitions » : quitter son père ou sa mère est nouveau. Si plusieurs enfants sont impliqués, il est fréquent que l'un d'entre eux se manifeste par des larmes. Les interactions qui vont surgir à ce moment précis sont révélatrices.

En régime ouvert

Le parent hébergeant (imaginons ici qu'il s'agisse de la mère) agit de manière à dépasser ce moment de pleurs. Sans se laisser envahir par l'émotion, elle demeure souriante, n'ajoutant pas ses larmes à celles de l'enfant, par souci de ne pas les amplifier.

Dans ces circonstances particulières, certaines paroles peuvent avoir un effet libérateur et il est émouvant de découvrir comment une personne fidèle à un régime ouvert sait faire preuve d'inventivité pour les imaginer.

Dans un premier temps, cette mère va vouloir octroyer une sorte de « laissez-passer symbolique » utile à l'enfant. Et cela au moyen de mots simples mais ô combien précieux : « *Tu sais, je suis sûre que tu vas bien t'amuser avec ton papa. Et que tout se passera bien avec lui…* »

L'enfant éprouve un premier soulagement : sa mère accepte qu'il s'en aille *avec papa*. C'est une amorce d'affranchissement puisqu'il entend sa maman lui dire qu'elle a confiance en ce qu'il va pouvoir vivre hors de son giron.

Mais bien sûr, l'enfant n'est pas pour autant « libéré ». Sa mère le perçoit et le bienfait des premières paroles sera comme démultiplié lorsqu'elle ajoutera : « *Et moi, je suis très contente que tu partes avec ton papa…* » L'enfant sent poindre une délivrance : non seulement sa mère accepte son séjour chez son père, mais en plus, elle s'en réjouit !

Toutefois, la libération n'est pas pour autant acquise car l'enfant, « loyal » envers le parent qu'il quitte, est envahi par un scrupule qui peut étonner et qui a les teintes de cette interrogation : ma maman sera-t-elle « malheureuse » sans moi ? Certes, l'enfant n'est pas en mesure de verbaliser aussi clairement une inquiétude de ce genre, mais sa mère peut la présumer et, dans une attitude d'ouverture, chercher à l'alléger. Le message qu'elle propose alors tient en quelques mots qui pourraient ressembler à ceux-ci : « *Tu sais, je ne vais pas m'ennuyer et je me réjouis d'avoir tout ce temps pour moi…* »

Le bambin qui écoute attentivement n'en croit pas tout de suite ses oreilles. Il vient de recevoir un cadeau inestimable. Il essuie une larme, demeure proche de sa mère qui a la bonne idée de réaffirmer le message qu'elle vient de délivrer : non, elle ne va pas souffrir de l'absence de son enfant. Elle le répète et, simultanément, elle témoigne de son attachement par des gestes affectueux. Sans précipitation et dans le calme, la situation commence à se dénouer : « *C'est vrai ?* » demande l'enfant étonné. « *Oui, c'est vrai : je vais en profiter pour avancer certaines choses qui sont en retard. Et ensuite, je me réjouirai de te revoir.* » Voilà le dernier jalon proposé par les paroles maternelles : il est exprimé que les retrouvailles seront affectueuses.

À travers ces quelques échanges, l'enfant vient de recevoir plusieurs messages libérateurs. Il lui faut certes un peu de temps pour assimiler tant de choses, mais par bonheur sa mère le pressent et demeure auprès de lui. Elle imagine bien qu'il n'est pas facile pour un enfant de renoncer aux larmes qui exprimaient si bien son attachement à l'instant où ils allaient être séparés. Elle sent qu'il ne faut rien précipiter. L'enfant a besoin d'un certain délai pour assimiler la substance des quatre messages qu'il vient de capter : ma maman accepte que je parte. Elle se réjouit que je m'en aille avec mon père. Elle ne souffrira pas de mon absence. Et elle m'accueillera affectueusement à mon retour.

Bien sûr, ces paroles ne sauraient être prononcées telle une leçon apprise. Il apparaît qu'une mère (ou un père) qui accepte intérieurement que son enfant ait une bonne relation avec son autre parent accède en toute simplicité aux mots qui sont l'expression de cette ouverture.

En régime fermé

Le moment du départ offre de multiples possibilités d'attiser les fidélités qui entravent la vie de l'enfant. Il est d'ailleurs prévisible que cette « loyauté » s'exprime en particulier lors d'instants émotionnellement forts : il s'agit de quitter maman (ou papa) pour aller vers l'autre parent. Avant le divorce ou la séparation, un épisode de ce genre se passait de manière banale. Le père (ou la mère) pouvait s'en aller avec l'enfant et passer une journée avec lui sans difficulté aucune ; le moment du départ était chaleureux, les retrouvailles réjouissantes.

Après séparation du couple, ce même épisode est chargé d'affects et d'enjeux fondamentalement nouveaux. L'entente parentale étant précaire, voire inexistante, l'enfant est amené à changer d'univers comme on passerait d'un camp à un autre. Partir signifie s'éloigner de maman (ou de papa) en constatant que ces deux personnes vivent de fortes tensions.

Quand plusieurs enfants sont concernés par une situation de ce genre, un certain équilibre s'aménage en fonction de chacun d'eux, comme si plusieurs « rôles » étaient à disposition et allaient être endossés par l'un ou l'autre en fonction de la dynamique propre à la fratrie. Il n'en demeure pas moins que le moment crucial du « changement de parent » est difficile à vivre. Si des pleurs apparaissent, ils vont s'inscrire dans un contexte qui tend à exacerber les fidélités existantes.

En régime fermé, chacun des parents a tendance à interpréter les pleurs de manière erronée : ils sont la preuve que l'enfant vit mal ce moment à cause de l'attitude inadéquate de l'autre parent. Dans cette configuration, le parent que l'enfant doit quitter va vouloir le « consoler ». Mais il le fera sans prononcer les paroles qui pourraient être libératrices. L'enfant entendra des mots d'affliction ou d'empathie qui demeureront sans grande portée : « *Oh, mon chéri ! Comme tu es triste !... Je te comprends. C'est difficile !...* »

Confronté à cette sorte d'apitoiement, l'enfant ne peut s'extraire de la spirale des pleurs. Quant au parent censé l'emmener, il se sent en la circonstance impuissant. Peut-être espère-t-il que l'enfant sera gratifié des paroles pouvant l'aider à vivre cette séparation ? Lui-même n'est pas en position de les prononcer car si, par malheur, il tente de dédramatiser la scène, mal lui en prendra : il s'expose à un commentaire l'enfermant dans le rôle de celui qui banalise la tristesse de l'enfant – et donc, ne le comprend pas.

On entre ici dans un de ces cercles vicieux propres au régime fermé : l'attitude de chaque parent renforce l'impasse. L'enfant continue de pleurer car il est privé de paroles aidantes. Quant au parent censé l'emmener, il est désarmé face à une scène qu'il n'a pas les moyens de désamorcer et il doit se résoudre à attendre le moment de se retrouver seul avec l'enfant car il sait que les pleurs cesseront quand le parent à quitter sera sorti du champ de vision.

Après ce genre de scène, le parent qui se retrouve seul éprouve nombre d'inquiétudes : mon enfant supportera-t-il d'être séparé de moi ? Pourra-t-il me téléphoner en fin de journée pour trouver quelque apaisement ? Ce besoin sera-t-il respecté ?

Quant au parent qui s'éloigne avec l'enfant, il va patienter pour retrouver la complicité d'antan, sachant qu'un temps d'apprivoisement est souvent nécessaire quand il s'agit de passer d'un « camp » à l'autre.

La quiétude n'est pas de mise en régime fermé. À tout instant, un impondérable peut surgir qui rappelle que l'enfant est un otage tiraillé entre deux adversaires qui, à distance, tentent de renforcer leur position : même les pleurs d'un enfant au moment du départ peuvent être instrumentalisés au gré de l'affrontement parental.

L'usage des mots « papa » et « maman »

En régime fermé

Il arrive que certains parents, après leur séparation, refusent à tout jamais de prononcer le terme *papa* ou *maman*, comme si ce mot n'avait plus droit de cité. Seul le prénom est utilisé pour désigner l'autre parent. Cette sémantique imprègne l'enfant qui perçoit que certaines expressions n'ont plus la même portée et sont devenues suspectes.

Le parent pratiquant l'exclusion du mot *papa* ou *maman* peut se justifier en invoquant le fait qu'il ne parvient tout simplement plus à utiliser ce vocable. Or cela n'est pas sans risque pour l'enfant : il arrive qu'il intègre le tabou et le fasse sien. Il n'utilise dès lors plus que le prénom de son père ou de sa mère.

Quand le téléphone sonne et que la communication lui est destinée, l'enfant n'entendra pas l'exclamation : « *C'est ton papa…* » ou « *C'est ta maman…* », mais « *C'est pour toi…* » Ou alors, plus sèchement encore : « *Tiens !* »

Si l'enfant demande : « *C'est qui ?* », il ne sera pas accueilli par cette réponse si précieuse pour lui : « *C'est ton papa.* » ou : « *C'est ta maman.* »

D'autres pratiques limitatives (ou incohérentes) sont susceptibles de se développer à l'intérieur d'un tel régime. Citons l'exemple déroutant d'un père vivant depuis peu avec une nouvelle compagne et qui préconise (ou admet) que celle-ci soit appelée « maman » par le jeune enfant dont elle n'est pourtant de toute évidence pas la mère.

Sous couvert de respecter une impulsion « spontanée » de l'enfant, ce père refuse de prononcer les paroles qui rétabliraient une certaine clarté dans l'ordre de la filiation. Par la suite, quand la mère réelle prendra connaissance de cet état de fait, elle en sera forcément blessée. Elle demeurera même incrédule et désemparée, ne sachant pas comment empêcher que la nouvelle compagne soit appelée « maman ».

Par ignorance ou perfidie, le statut de mère se voit ici attaqué à travers une usurpation du terme « maman ». On peut s'interroger sur les causes d'une telle dérive. Il est possible que le père qui agit de cette manière peine à distinguer le statut de conjointe de celui de mère. Ainsi, en devenant une ex-conjointe, cette femme est-elle assimilée à une ex-mère.

À l'intérieur d'une famille recomposée s'installe parfois une « logique de substitution » qui consiste à fonder une famille nouvelle en excluant la précédente, les liens de l'alliance naissante remplaçant ceux de la première union.

À l'inverse, le régime ouvert privilégie une « logique de sédimentation » qui respecte l'union précédente et assure la pérennité des liens de filiation.

En régime ouvert

Les parents perçoivent intuitivement la grande valeur affective des mots *papa* ou *maman*. Ainsi l'homme séparé se réjouit-il de prononcer le mot « maman ». Il aime utiliser l'expression « *ta maman…* » car il sent qu'il fait don d'un cadeau à portée symbolique : à travers ces mots, il signifie clairement que l'enfant, lorsqu'il est avec lui, ne « perd » pas « sa maman » et peut se sentir autorisé à l'évoquer en termes affectueux. De cette manière, l'enfant distingue clairement que si « maman » est devenue l'ex-femme de son papa, elle demeurera pour toujours sa mère.

L'homme qui souhaite protéger son enfant expérimente avec bonheur la force de la formule « *ta maman* ». Cette expression ouvre des perspectives extrêmement bénéfiques. C'est un véritable sésame. En l'utilisant avec affection, le père marque son respect envers ce qui lie cet enfant à sa mère. Il évite que l'amour mère-enfant ne soit entaché par l'éventuelle conflictualité conjugale.

En régime mi-fermé, il arrive que le père ne parvienne pas à offrir cette ouverture à son enfant. C'est le plus souvent la formule « *ta mère !* » qui fuse. Et cela souvent sur un ton vif. Certes, ces deux mots représentent un certain bienfait dans la mesure où la mère est nommée. Mais l'expression peut se charger d'une connotation peu aimable, voire sèche, qui lui enlève une grande part de sa valeur. Ce n'est pas le cas de la formule « *ta maman* » qui, dans pratiquement tous les cas, est empreinte de respect et de sollicitude.

Pour une mère, l'usage de l'expression « *ton papa* » sur un ton chaleureux est une façon puissante d'octroyer une place au père. La portée symbolique de ces mots est immense pour l'enfant. Quel que soit son âge – trois, huit, douze ou dix-huit ans – il se sentira accepté en tant que fils ou fille de l'homme qui est son père. Il perçoit également qu'il est possible d'évoquer librement la figure paternelle.

La femme qui est parent hébergeant peut se sentir à juste titre accablée par une situation matérielle devenue difficile après la séparation. Envers son enfant, elle fait preuve de grande générosité en ne lui refusant pas cette parole si riche de sens : « *ton papa* ». Pour le bien de son enfant, elle octroie une noble place au père.

En période de crise ou de conflit, il est difficile de maintenir un énoncé non-agressif de l'expression « *ton père* ». Il existe des situations délicates (emprisonnement du père, non-paiement des pensions alimentaires durant des années, etc.) durant lesquelles la mère de l'enfant parvient néanmoins à utiliser la formule « *ton papa* » d'une manière non-dépréciative. Consciente de la souffrance vécue par l'enfant, sa mère évite de l'attiser en rabaissant l'image déjà ternie du père. En agissant de cette manière, elle refuse de consolider indirectement sa propre image d'unique parent fiable.

Cette attitude implique un respect profond envers la part « paternelle » de l'enfant. La formule « *ton papa* » (ainsi que toute autre parole prononcée sur un ton respectueux) représente une véritable profession de foi : la mère entend laisser vivre au cœur de son enfant une part sauvegardée de l'image paternelle.

Pour les parents qui basculent dans l'univers de la séparation – et qui manquent de points de repère à ce moment précis – il est essentiel d'être attentif aux mots utilisés pour nommer la mère ou le père absent. Car ces formulations constituent les piliers du discours à propos de l'autre parent.

Grâce à l'observation des mots qu'ils utilisent, peut-être ces parents repéreraient-ils mieux s'ils évoluent dans un régime plutôt ouvert ou plutôt fermé.

L'HEURE DU RETOUR

En régime fermé

L'heure du retour de l'enfant s'avère cruciale. Elle est établie de manière stricte et sans considération pour des circonstances particulières. Toute souplesse en cas de retard est proscrite. (« *Si tu avais des égards pour moi, tu arriverais à l'heure.* »)

Du fait de cette rigidité, la mère ou le père qui revient en compagnie de l'enfant se sent dans une position inconfortable. Le parent qui entend instaurer ce type de contrainte avance de multiples arguments. Tout d'abord, il ne lui est pas tolérable de devoir attendre son enfant ; par conséquent, l'heure du retour doit être connue avec précision. (« *T'attendre ? J'ai mieux que ça à faire.* » « *Pourquoi je devrais attendre ? J'ai besoin de pouvoir m'organiser.* »)

Parfois, il s'agit pour le parent qui affirme l'exigence de ponctualité de ne pas compromettre une soirée (dûment prévue) à cause d'un retard inopiné. Il arrive que la nécessité de préparer le repas pour une heure bien déterminée soit aussi invoquée. Tous ces arguments vont dans le même sens : il n'est pas question d'accepter une quelconque prolongation, ni de devoir vivre une attente. Car attendre signifie subir. Et subir réactive le sentiment d'être soumis au bon vouloir de l'ex-conjoint. (« *Tu ne fais aucun effort pour arriver à l'heure.* » « *J'en ai assez de tes retards.* », etc.)

De multiples dérapages peuvent également provenir du parent qui ramène l'enfant et qui souhaite affirmer son pouvoir : « *Ce n'est pas toi qui vas m'imposer une heure. J'arriverai quand j'aurai fini ma journée.* »

Le parent qui attend le retour de l'enfant peut rigidifier le régime de diverses manières. Comment ? En fixant par exemple une activité qui surviendra juste après l'arrivée de l'enfant : cela pourra être une obligation, un loisir qui ne saurait attendre. L'enfant en est informé. Il redoute un retard et ne savoure que partiellement la fin de son séjour, car son esprit est habité par la nécessité d'un retour ponctuel et par l'activité qui l'attend à peine sera-t-il arrivé. Dans ces circonstances, les dernières heures de visites sont conditionnées, voire compromises. Ce sont pourtant les instants les plus précieux, les ultimes heures de partage.

L'activité qui fait directement suite au retour a le pouvoir d'étouffer l'écho que l'enfant pourrait donner de ce qu'il vient de vivre. Il est tenu de passer immédiatement à autre chose, comme si le parent qui le retrouvait entendait « reprendre la main » sans considération pour un vécu encore très présent. Il se protège ainsi d'un récit qui, en quelque sorte, risquerait de « prolonger » la visite – alors qu'il s'agit de la circonscrire et de la clore au plus vite.

À l'intérieur de ce régime, l'enfant apprend à devenir un virtuose de l'adaptation. Comme un comédien qui jouerait deux rôles dans la même pièce, il dispose de peu de temps pour changer de registre. Ce qu'il vient de vivre, il apprend à le taire car il doit impérativement plonger dans une réalité nouvelle en faisant fi d'un vécu dont il est imprégné.

L'enfant soumis à cette réalité sait ne pas s'embarrasser des traces évoquant les moments de plaisir. Il est touchant d'observer ces petits fantassins du divorce quittant le domicile ou la voiture du parent avec lequel ils reviennent : ils adoptent la politique de la terre brûlée. Sans se retourner, ils abandonnent jouets, illustrés, friandises pour se présenter devant l'autre parent avec les meilleures chances d'accueil.

En régime ouvert

L'heure du retour ainsi que la discussion qui s'instaure à ce sujet offrent aux deux parents une occasion rêvée de se montrer respectueux l'un envers l'autre, et par conséquent envers leur enfant.

De manière frappante, le parent non-hébergeant tient par égard à préciser et à respecter une heure de retour. Mais il rencontre l'attitude ouverte du parent hébergeant qui lui fait comprendre que cette heure ne sera pas figée : « *À toi de voir. Je suis chez moi. Peu importe quand tu arrives.* » Habituellement, il est convenu de s'appeler en temps voulu afin de préciser les modalités du retour – puisque celles-ci demeurent adaptables.

Fondamentalement, chaque parent se réjouit du temps que son enfant peut passer avec son autre parent et souhaite ne pas le conditionner par des exigences horaires trop strictes. Dans la mesure du possible, on s'abstient de prendre des engagements divers sitôt après le retour de l'enfant, sachant que cela induirait une tension malvenue. Dès lors, une spirale positive s'engage : touché par ces égards, chaque parent se montre respectueux et s'adapte à la situation avec souplesse. L'enfant est le témoin de cet accord parental puisqu'il peut entendre les quelques appels téléphoniques permettant un retour harmonieux, dénué de tout reproche.

Les cadeaux à l'enfant

Avant la séparation, les cadeaux destinés à l'enfant étaient la plupart du temps offerts par le duo parental et ils avaient valeur de don provenant d'une seule entité. (Il en allait d'ailleurs de même pour les vacances, les repas, les loisirs, etc.)

La séparation du couple bat en brèche cette unité et confère à tout cadeau un statut nouveau : désormais, il est imaginé et offert par un seul des parents. Il connaîtra ensuite une seconde existence lorsqu'il sera accueilli par divers commentaires.

En régime ouvert

En matière de cadeaux, chaque parent est en mesure de prendre l'initiative sereinement et va se réjouir de ce qu'aura reçu l'enfant de la part de l'autre parent.

Pour rien au monde le père ne fera grise mine en raison d'un cadeau offert par son ex-compagne (et inversement), car ce serait mettre en difficulté l'enfant, soudain coincé entre la joie du parent offrant et le mauvais accueil du parent témoin.

Si l'un des parents souhaite exprimer un désaccord, il prend soin d'en faire part dans un second temps et en tête à tête. Cette rigueur dans le respect des actes du partenaire sert de règle. Elle vise à ne pas placer l'enfant au cœur d'un différend.

Le dialogue entre parents sur le thème des cadeaux offre l'occasion de parler de l'enfant et de ce qui peut être imaginé pour le fêter. Parfois, un cadeau commun est envisagé.

Pour les choix particuliers, chacun peut, si nécessaire, en toucher un mot à son ex-partenaire : le cadeau est-il effectivement espéré par l'enfant ? Est-ce une bonne idée ? Et surtout, n'est-il pas déjà envisagé ou acheté ? Le désir de collaborer s'exprime librement et l'entente s'en trouve consolidée.

De son côté, l'enfant sait qu'une concertation existe. Il le constate avec plaisir et cela apporte une nouvelle preuve que le duo parental fonctionne.

Cette cohésion comporte d'autres avantages : si le père (ou la mère) envisage l'acquisition d'un objet d'importance, il en parlera au préalable afin de s'assurer que ce cadeau, pour diverses raisons, n'a pas été spécifiquement refusé à l'enfant ou programmé pour plus tard. Cette précaution sert à ne pas court-circuiter certaines décisions par un cadeau inapproprié. Par ailleurs, cette collaboration évite que l'enfant ne soit tenté de jouer sur les désaccords en demandant à l'un ce qui a été refusé par l'autre.

En régime ouvert ne surgit pas l'insidieux commentaire qui blesse. Ni le sarcasme qui met en relation la valeur d'un cadeau (trop importante) et le niveau de la pension alimentaire (trop faible). À lui seul, ce dénigrement gâche la joie de l'enfant, coupable soudain de « trop recevoir ».

Lors du retour de l'enfant, tout cadeau reçu est considéré positivement. Les expressions entendues à ce moment-là constituent en elles-mêmes un second cadeau : « *Je suis content pour toi. Il (elle) a eu une bonne idée !* » « *Ça tombe bien, tu en avais justement besoin.* » « *Montre-le-moi encore une fois ! C'est tellement beau.* » « *Ton papa (ta maman) a de bonnes idées.* » « *Je vois que ça te fait plaisir. C'est merveilleux.* »

Ces paroles sont bienfaitrices. L'enfant se sent à l'aise. Il vit sa joie sans arrière-pensée et l'exprime librement.

En régime ouvert, la discussion à propos des anniversaires est bienvenue. Le duo parental renoue avec le plaisir de commémorer la naissance de l'enfant. Et même si la fête a lieu dans deux espaces de vie distincts, le parent « absent » n'en est pas exclu : il est symboliquement présent, notamment par le simple fait qu'il sera possible de lui relater ces réjouissances.

En régime fermé

Le cadeau peut devenir une véritable bombe à retardement. Comme il provient de l'autre parent, il est possible d'émettre certains messages négatifs via cet objet « ambassadeur » de la partie adverse.

Les variations sur ce thème sont innombrables.

- Le cadeau déprécié : « *Moi, je n'aurais jamais osé t'offrir ça !* » « *Il (elle) ne s'est pas fatigué.* » « *Ça ne m'étonne pas de lui (d'elle).* »
- Le cadeau rejeté : « *Je ne veux pas de ça chez nous.* »
- Le cadeau-affront : « *Il (elle) t'offre ça et il (elle) ose prétendre ne pas avoir d'argent !* »
- Le cadeau-rachat : « *Il (elle) croit que c'est avec ce genre de cadeau qu'il (elle) va te mettre dans sa poche !* »
- Le cadeau-économie : « *C'était une bonne idée de lui demander ça ! On n'aura pas besoin de l'acheter.* »
- Le cadeau fantôme : celui dont l'enfant n'ose pas parler et qu'il laisse chez le parent qui l'a offert.
- Le cadeau-exception : « *Pour une fois, il (elle) ne s'est pas moqué de toi.* »
- Le cadeau manquant : « *S'il (elle) t'avait offert de nouveaux skis, on aurait pu aller aux sports d'hiver.* »
- Le cadeau-refus : « *Une fois de plus, il (elle) n'a pas été capable de t'offrir ce que tu avais demandé.* »

Une campagne de dénigrement ne se limite pas à mettre en évidence les défauts ou les manquements du parent cible. Il s'agit de s'en prendre aux aspects positifs, comme les cadeaux offerts. C'est en dévalorisant subtilement les bons aspects de l'autre parent que l'enfant peut être durablement imprégné de pensées négatives. Après plusieurs années de ce traitement, l'enfant le plus clairvoyant se met à douter des bonnes intentions du parent dénigré. Celui-ci se montre-t-il généreux et attentionné ? C'est peut-être un moyen de se valoriser, un subterfuge, une façon « d'acheter » son enfant.

Cette attaque portée contre ce qui est *offert* est révélatrice du régime fermé : quels que soient ses actes, le parent cible ne trouve pas grâce aux yeux du parent aliénant. Un travers lui sera systématiquement associé. Cette réalité met en évidence la capacité de nuisance d'un parent souhaitant discréditer le père ou la mère de l'enfant. À terme, il semble que l'action déstabilisante ne peut que venir à bout du parent cible.

En régime fermé, il n'est pas question de collaborer ni d'échanger des informations au sujet des cadeaux. Ceux-ci conservent le statut d'intrus pouvant alimenter une lutte à distance. On imagine combien l'enfant peut en être incommodé. Il finit souvent par ne capter que l'avantage matériel procuré par le cadeau. Quant à sa valeur affective, elle est éludée.

Dans les situations d'aliénation parentale sévère, tout cadeau provenant du parent dénigré est considéré comme suspect. À l'extrême, l'enfant va refuser d'en recevoir afin d'éviter tout affect positif.

LES ÉCHANGES AU MOMENT DE LA TRANSITION

Ce thème pourrait faire l'objet d'un vaste chapitre. Pour des milliers de pères ou de mères qui ramènent leur enfant à leur domicile puis s'en vont, c'est un moment clé. Aucun d'eux n'oublie certains de ces épisodes, en particulier le premier, qui les laisse le cœur chaviré, dans la grisaille d'un véhicule qui, inexorablement, les transporte dans une vie d'où leur enfant est absent.

Pour eux, bien réussir ce moment de la séparation est crucial. L'impact de chaque mot et de chaque geste est amplifié par la perspective de l'absence qui va suivre. À la manière d'un film au ralenti, les derniers instants se gravent dans leur mémoire comme s'ils devaient servir de passerelle jusqu'aux retrouvailles.

Pour le parent accueillant l'enfant, l'instant est également chargé d'émotion et d'enjeu, même s'il aura tout loisir d'établir une relation suivie durant la période qui débute.

En régime fermé

Le moment du retour offre le cadre idéal pour asséner de part et d'autre des coups redoutables.

Le parent qui se sent en position de faiblesse est tenté de faire « profil bas ». En revanche, pour le parent qui dispose de l'enfant pour allié, c'est le moment favorable pour blesser. Il y a les remarques sur l'aspect des enfants ; le mécontentement quant au retard constaté ; les questions piège portant sur le gant qu'on ne retrouve pas ou sur le médicament qui devait être donné à une heure précise. Mais cela ne serait rien sans tous les messages non-verbaux, à savoir le ton des remarques, la posture corporelle, les arguments polémiques chargés d'agressivité, d'impatience ou d'exaspération. Cela sous le regard désolé d'un enfant qui quitte la main de son père ou de sa mère et change d'univers.

Le moment du « passage de relais » entre parents occasionne souvent un dialogue destiné à mal se terminer. Entre deux portes ou sur la chaussée, un sujet important est soudain abordé (puisqu'il existe peu d'occasions de se parler). Or, rien ne saurait se résoudre en quelques instants, en régime fermé. Chacun des parents le déplore et accuse son ex-conjoint d'en être le responsable.

Dans cette dynamique, l'enfant n'est nullement situé au centre des préoccupations : peu importe les paroles qu'il entendra ; peu importe si la transition se fait mal. Ce qui prime, c'est la relation conflictuelle entre ex-partenaires et la réactivation des contentieux auxquels ils se montrent attachés. (« *Tu ne changeras jamais.* » « *Avec toi, j'ai l'habitude. Tu as toujours de bonnes excuses.* » « *Et en plus, tu vas me dire que c'est de ma faute !* » « *Je devrais toujours dire oui, avec toi.* », etc.)

Alors que ce moment particulier devrait impérativement exclure toute passe d'armes et permettre une trêve autour de l'enfant qui transite d'un univers à l'autre, il est primordial de faire valoir sa position ou d'offenser. De ce fait, l'enfant se voit privé de questions aimables sur ce qu'il vient de vivre. Il n'entend pas de paroles positives sur ce qu'il ramène de son escapade.

Si, avec quelque spontanéité, l'enfant tente d'ouvrir une brèche, il rencontrera l'indifférence ou un intérêt mal simulé qui le laissera désemparé, déçu et bien déterminé, puisqu'il le faut, à minimiser, voire à nier ce qu'il voulait raconter.

En régime ouvert

Le moment de la transition permet de nombreuses interactions de valeur.

Le parent qui se réjouit de revoir son enfant aime l'entendre s'exprimer à propos de ce qu'il a vécu. La dynamique est positive : cet accueil souriant renforce le plaisir de l'enfant. Il prend la parole et ses deux parents l'écoutent, ravis de constater qu'il ne semble pas conditionné par ce qu'il devrait dire ou ne pas dire. L'harmonie ambiante permet aux parents et à leur enfant de partager quelques instants de complicité au travers de ces échanges.

La priorité est donnée à l'enfant et à son bien-être. Il n'est pas question d'amorcer une discussion qui nécessiterait une réflexion approfondie. Si l'un des adultes souhaite aborder un sujet sensible, il aura à cœur de patienter. Le moment est trop précieux pour être troublé par une discussion de fond.

L'harmonie se renforce grâce à ces transitions réussies : chaque parent est reconnaissant envers l'autre pour sa bienveillance. La relation entre parents se bonifie, car elle n'est pas conditionnée par les griefs qui ont conduit à la séparation.

Les égards mutuels ainsi que la tendresse qui converge vers l'enfant constituent le socle d'une bonne relation entre adultes. Celle-ci, au fil des années, devient très précieuse et il ne sera pas question de la mettre en péril par des désaccords qui pourraient être évitables.

Dans cette configuration relationnelle, le parent qui se sépare de l'enfant peut revenir chez lui l'âme tranquille. Il sait que son enfant aura tout loisir d'évoquer ce qu'il vient de vivre. Si un quelconque objet manquait au moment de la transition, cela n'aurait causé ni tracas ni reproche.

Quant au parent qui retrouve l'enfant, il se réjouit de savoir que celui-ci est attaché à son père (ou à sa mère) – qui ne le voit pourtant qu'épisodiquement. Il éprouve une forme de reconnaissance envers cet homme (ou cette femme) qui, en dépit de la séparation, fait de son mieux pour maintenir des liens chaleureux avec son enfant.

Ce sentiment de gratitude est réciproque puisque le parent non-hébergeant l'éprouve également pour son ex-conjoint qui assume l'enfant au quotidien, avec toutes les contraintes que cela implique.

Le tableau est-il idyllique ? Nombre de couples, après leur séparation, savent se dégager de leurs conflits. Ils privilégient intelligemment le devenir de leur enfant et parviennent à une forme d'harmonie parentale.

Bien sûr, si l'un ou l'autre cède régulièrement aux attraits du régime fermé, cette fluidité relationnelle se voit compromise. En revanche, si les égards mutuels se développent et que le bien-être de l'enfant est réellement privilégié, il est possible d'aller vers des relations respectueuses.

Prénom et nom de famille

Le prénom et le nom de famille représentent un enjeu de taille. La plupart du temps, l'initiative appartient au parent hébergeant car il vit avec l'enfant, s'occupe des relations avec l'école et détient la plupart des documents officiels.

En régime fermé

Il semble légitime de vouloir amoindrir ou même gommer le nom de famille de l'autre parent. Dans certains cas, ce patronyme figure certes sur le document d'identité de l'enfant mais il est inusité dans la vie courante. Au niveau scolaire notamment, l'enfant existe sous un nom de famille « officiel », mais il revendique de se faire appeler différemment par ses enseignants et ses camarades. Sur ses cahiers et sur les documents manuscrits, le patronyme tabou sera si possible évincé.

Des mutations peuvent affecter également le prénom, cela surtout lorsque l'enfant est encore jeune. Quand il en possède plusieurs, la possibilité se présente de changer de prénom usuel : si celui-ci est dû à un choix du parent à écarter, c'est une bonne raison de l'abandonner afin d'en préférer un autre.

Pour un enfant né de parents de cultures différentes, certaines transformations s'effectuent aisément : Antonio devient Antoine pour marquer une distance avec l'origine latine du père ou de la mère. Il est troublant d'observer combien l'enfant se conforme au bon vouloir du parent agissant, cela en raison de sa propension à réaliser les désirs parentaux. Rapidement, il va « préférer » son nouveau prénom et affirmera bientôt que tel était son désir depuis toujours.

Le parent qui, après divorce, se retrouve « allégé » du patronyme de son ex-conjoint, entend parfois appliquer la même mutation « libératrice » au patronyme de l'enfant. Cette velléité illustre concrètement à quel point les niveaux conjugal et filial peuvent être confondus. D'une certaine manière, l'enfant est entraîné dans une aspiration « émancipatrice » qui n'est pas la sienne. C'est le désir de l'adulte qui prévaut. Peu importe que soit renié le patronyme ou le prénom de l'enfant. L'adulte exerce son hégémonie tout en amenant l'enfant à prendre sur lui ce désir de mutation de sa dénomination.

Ces modifications, en dépit de l'apparente désinvolture qui les entoure, ne sont pas sans conséquence. Car la loyauté de l'enfant est à double face. Si elle est sollicitée de manière outrancière par l'un des deux parents, le contrecoup, à long terme, est possible.

L'enfant est l'héritier de deux lignées. Deux histoires familiales marquent son identité. Agir sur la dénomination de l'enfant, c'est s'autoriser à en modifier la symbolique. Ce qui appartient en propre à l'enfant devient l'enjeu d'un affrontement.

En régime ouvert

Le prénom et le nom de l'enfant permettent d'affirmer un respect substantiel pour les deux parts de son identité.

Il est touchant d'observer avec quel soin certaines femmes prononcent le nom de famille de leur enfant, qui est celui de leur père. Leur attitude est révélatrice : elles considèrent comme un bienfait pour leur enfant ce qui provient du père et n'ont aucune intention de le supplanter.

Dans une telle constellation, chaque parent veille à respecter une solide cohérence symbolique. Père et mère sont animés par la conviction que l'autre parent – même absent, déconsidéré ou décédé – est *constitutif* de l'identité de l'enfant. S'impose alors un principe de sauvegarde qui incite à parler en termes positifs de l'autre parent.

Cette attitude est empreinte d'humilité. Elle témoigne d'une forme de générosité envers l'enfant. Celui-ci, à l'évidence, n'a choisi ni son père ni sa mère, et il s'agit de préserver l'image qu'il a de chacun d'eux. Une telle éthique s'avère extrêmement précieuse lorsque le couple vit l'épreuve de la séparation, car cette coupure est forcément accompagnée d'une dépréciation de l'image du conjoint (initialement si valorisée). Dans ce moment sensible, il est capital de bien distinguer le partenaire amoureux – qui est perdu – et le parent avec lequel il s'agira de poursuivre une histoire commune.

En régime ouvert, le respect du nom de famille de l'autre parent s'impose tant il est primordial de considérer chaque part de l'identité de l'enfant. Si l'un des parents (ou les deux) crée un nouveau foyer, la préservation de l'identité d'origine devient encore plus importante.

La pratique légale en matière de patronyme est en phase d'évolution. Le débat en la matière se densifie dans presque tous les pays occidentaux, car de multiples solutions sont envisagées sans qu'aucune d'elles ne semble idéale. Toujours est-il qu'en régime ouvert, c'est avant tout l'attitude intérieure de chacun des deux parents qui permet de maintenir une continuité dans l'expression de l'identité de l'enfant.

La date anniversaire des parents

La date anniversaire du père ou de la mère de l'enfant est envisagée de manière très différente selon les circonstances.

En régime ouvert

Chaque parent prend soin de signaler à l'enfant quand approche cette date anniversaire : « *Tu sais, mardi prochain, c'est l'anniversaire de ta maman (ou de ton papa).* » L'impact d'une telle parole n'est pas banal. Premièrement, l'expression « *ton papa* » ou « *ta maman* », dont on a dit l'importance, prend ici toute sa valeur puisqu'elle est associée à une réjouissance. En second lieu, l'enfant est témoin d'une sollicitude envers l'autre parent. Il en est touché et perçoit qu'il est encouragé à honorer sa maman (ou son papa).

Le parent fidèle à un régime ouvert n'hésite pas à revenir sur le sujet si nécessaire : « *Tu as pensé à l'anniversaire de ton papa ? (ou de ta maman ?)* » Ce rappel surgit avec l'intention de montrer à l'enfant qu'en grandissant, il lui appartient de se manifester lors d'un anniversaire, même s'il est accaparé par d'autres centres d'intérêt. Ainsi est-il possible d'encourager l'enfant à écrire un mot ou à préparer une petite attention. Peu importe ce qui sera réalisé, mais cette suggestion permet de signifier que l'autre parent est une personne à estimer.

Comme souvent en régime ouvert, chaque égard a des conséquences positives indirectes : le père ou la mère qui constate une sollicitude de ce genre en est reconnaissant et se sent toujours plus disposé à des échanges respectueux.

En régime fermé

L'adulte qui fonctionne en régime fermé s'abstient de toute suggestion en ce qui concerne l'anniversaire de l'autre parent. Il s'en tient à une passivité sans faille et se donne bonne conscience en se disant qu'il n'est pas question de susciter des attentions qui seraient dénuées de valeur, puisque non-spontanées. C'est une fois de plus le respect de l'enfant qui est invoqué.

En réalité, il s'agit d'une forme d'alibi. L'anniversaire de la grand-mère sera dûment rappelé, celui d'un ami également, mais pas celui de l'autre parent. Cette attitude qui se dit non-interventionniste n'est pas neutre. Elle est agissante. Année après année, l'enfant capte qu'il n'est pas question de se préoccuper de l'anniversaire de son père (ou de sa mère). Dès lors, il serait bien emprunté de se signaler ouvertement par des initiatives.

Si l'on suggère à un père ou à une mère fidèle au régime fermé d'encourager l'enfant à se manifester lors d'un tel anniversaire, la réaction d'étonnement est immédiate : « *Comment ? Ce n'est pas à moi de le forcer. Je préfère le laisser libre.* »

Invoquer la liberté de l'enfant est une attitude récurrente. Alors même que l'enfant vit dans une ambiance qui le conditionne profondément, c'est son autonomie de pensée qui est censée prévaloir.

Pour être mieux fixé sur l'attitude d'une mère ou d'un père après séparation, rien de tel que de l'entendre s'exprimer sur ce sujet. L'enfant est-il encouragé à ne pas oublier cette date ou au contraire se sert-on de la notion de « respect de l'enfant » pour faire l'impasse ?

Chacun des deux parents n'adopte pas forcément la même attitude en ce domaine, ce qui, d'ailleurs, permet de savoir qui est le plus attaché au maintien d'un régime fermé.

LE PARCOURS SCOLAIRE

La pratique de la résidence alternée modifie la donne en matière scolaire. En effet, ce nouvel aménagement assure à chaque parent de maintenir un contact suivi avec le parcours de l'enfant-élève.

Il n'en va pas de même lorsqu'il existe un parent non-hébergeant qui ne voit en principe son enfant qu'un week-end sur deux et durant les vacances scolaires, c'est-à-dire précisément lorsque celui-ci ne fréquente pas l'école.

En régime ouvert

Le parent hébergeant a pleine conscience que l'enfant risque d'être privé de l'accompagnement de l'autre parent en matière scolaire. Cette carence, il souhaite l'éviter et il va agir au mieux pour donner une place au parent éloigné.

C'est au nom de ce scrupule que s'instaure une concertation à propos du parcours scolaire de l'enfant, notamment au moment des orientations à prendre ou en cas de difficulté. La discussion est certes conditionnée par le fait que chaque parent connaît la réalité de l'enfant par un biais différent. L'un la découvre au quotidien. L'autre est à distance. Cette situation asymétrique ne génère pourtant pas un rapport de force, car chaque parent tient compte de la situation de l'ex-conjoint et la respecte.

En début d'année, la réunion de parents d'élèves qui a lieu à l'école est un moment très important. Le parent hébergeant en communique la date au plus vite. À travers cet empressement, le parent éloigné perçoit combien sa présence est souhaitée. Il prend note de cette échéance et manifeste qu'il fera son possible pour être présent. Dans le meilleur des cas, pour rien au monde il ne laisserait passer l'occasion qui lui est donnée d'être associé à la réalité scolaire de son enfant. Ainsi, autour de la date de cette réunion de parents d'élèves se concrétise le souhait que chacun des parents suive le parcours de l'enfant et connaisse son école et ses enseignants.

Il est à noter que lors de telles réunions, beaucoup d'enfants sont représentés par un seul de leurs parents – le second s'occupant des enfants. Les parents séparés qui vivent en régime ouvert sont, eux, tous deux présents, sauf empêchement majeur. Car ils savent qu'ils ont peu d'occasions de manifester ensemble leur intérêt pour la vie scolaire. Cette double présence est d'ailleurs perçue très positivement par l'enfant : il constate de manière tangible que sa réalité mobilise aussi bien sa mère que son père et que ceux-ci se comportent en parents solidaires.

Pour un enfant de moins de dix ans, la réunion de parents est souvent précédée par la préparation d'une attention qui, sur son pupitre, attend ses parents. Leur présence conjointe à la réunion de parents d'élèves le réjouira intensément. Elle servira d'ancrage intérieur positif pour toute l'année scolaire, comme s'il pouvait se dire : « *Oui, ma mère et mon père sont venus ensemble dans cette salle de classe. Ils m'y accompagnent.* »

La réunion elle-même permet à l'enseignant de faire connaissance avec les deux parents. Il est informé de leur situation familiale tout en constatant que l'entente parentale existe. Ce contact est essentiel si, au cours de l'année, des difficultés devaient surgir.

Une autre étape a son importance : celle des résultats scolaires. En régime ouvert, le parent résidentiel tient à ce que l'enfant dispose d'un échange avec le parent qu'il voit moins. Celui-ci est certes limité dans ses appréciations mais, grâce à la place qui lui est octroyée, il peut aller au-delà des simples résultats chiffrés pour aborder ce qui est vécu par l'enfant. Celui-ci, dans ce contexte, se réjouit de montrer ce qu'il réalise à l'école. Il se sent accompagné. Symboliquement, cette réalité est concrétisée par la signature des deux parents au bas du carnet scolaire. En régime ouvert, il est à noter que chacun des parents attribue une importance à cette signature à deux, signe tangible du double soutien octroyé à l'enfant.

En régime fermé

L'espace scolaire est source de critiques, affrontements et parfois lâchage.

Il arrive que le parent qui ne vit pas au quotidien avec l'enfant se désintéresse de la réalité scolaire, suscitant le désarroi de l'autre parent, déçu par cette dérobade. Non-content de rester en marge de l'école, le parent « démissionnaire » adopte parfois la posture de celui qui critique les résultats de l'enfant et en attribue la responsabilité au parent hébergeant : « *Tu ne sais pas t'y prendre. Tu n'es pas assez sévère. Tu lui laisses trop de liberté.* » Ou encore : « *Si tu sortais moins, tu surveillerais mieux ses devoirs et les résultats scolaires seraient meilleurs.* » Maintenue pendant des années, ce genre d'attitude est ravageur pour la personne qui vit avec l'enfant. C'est un poison permanent.

L'école peut devenir l'enjeu d'une hégémonie. Le parent non-hébergant est parfois délibérément maintenu à distance et un minimum d'informations lui est transmis. Le processus s'accentue si l'enfant est amené à emboîter le pas en restreignant les échanges à ce sujet. Dans ce type de configuration, la perspective de se retrouver ensemble lors de la réunion de parents d'élèves embarrasse le parent hébergeant. Le plus simple serait bien entendu de ne pas en communiquer la date, mais il peut arriver que l'autre parent insiste pour la connaître ou qu'il en ait eu connaissance incidemment. Dès lors, une lutte à distance peut s'engager. La stratégie du parent hébergeant est délicate dans la mesure où il ne souhaite pas affirmer ouvertement auprès de l'enfant que la présence de son second parent est indésirable.

Dès lors, une question se pose : comment aboutir avec subtilité à sa non-venue ? Tout simplement en « transitant » par l'enfant qui va exprimer lui-même « son » souhait que le parent non-hébergeant n'y participe pas. Le parent ainsi évincé en sera décontenancé car il butera contre la ferme opposition de son propre enfant. Si le parent « proscrit » insiste et envisage néanmoins d'être présent, il lui sera rétorqué, une fois de plus, qu'il ne *respecte* pas son enfant. Il en ira de même pour les résultats scolaires que l'enfant choisira de ne pas montrer.

Quant au parent hébergeant, il ne se désolera pas d'être le seul à y avoir accès. D'étape en étape, le régime fermé aboutit ici aussi à la non-collaboration et à l'éviction.

Le même genre de processus survient si l'enfant est hospitalisé ou s'il est impliqué dans le cadre d'un spectacle ou d'une activité sportive. L'enfant « fidélisé » va en effet demander au parent cible de rester à distance, comme s'il fallait éviter le désagrément que provoquerait son éventuelle présence.

Lors de chacun de ces épisodes, le parent « exclusif » est persuadé que l'enfant agit de manière autonome.

LES APPELS TÉLÉPHONIQUES

Le téléphone mobile joue un rôle grandissant dans la vie de l'enfant puisqu'il permet d'établir à tout moment un contact avec le parent absent. Avant l'apparition du « mobile », l'enfant qui vivait une journée ou un week-end avec son père ou sa mère demeurait la plupart du temps sans contact avec l'autre parent, si ce n'est peut-être à partir d'un téléphone fixe. Désormais, l'usage a changé.

En régime fermé

Pour le parent qui entretient un lien de dépendance avec l'enfant, le mobile est un instrument d'importance. Mais comment s'en servir ? Dans la pratique, il est délicat de justifier des appels à destination de l'enfant qui est en train de vivre chez l'autre parent. Dès lors, une stratégie courante consiste à susciter chez l'enfant lui-même le réflexe d'appeler.

Au début, la demande peut se formuler sur un mode mineur : « *N'oublie pas de m'appeler ce soir…* » Cette suggestion n'est pas anodine. Pour preuve, alors que l'enfant est déjà couché, prêt à s'endormir, il s'exclamera soudain : « *J'ai oublié d'appeler maman (ou papa).* » Ainsi un simple vœu exprimé sur un ton aimable a-t-il le pouvoir de créer chez l'enfant l'idée qu'il ne doit *pas oublier* son parent absent.

En multipliant ce genre de demandes, le rapport adulte-enfant s'inverse : désormais, c'est l'enfant qui a la responsabilité de ne pas oublier la personne à appeler. Bien sûr, le parent qui suscite les appels dispose d'une argumentation qui élude sa part de responsabilité : il avancera par exemple qu'il veut éviter de déranger en appelant, ce qui justifie que l'enfant en prenne lui-même l'initiative.

En régime fermé, l'importance de ces appels peut aller crescendo. Peu à peu, le parent qui stimule le lien téléphonique développe la conviction qu'il s'agit d'un besoin propre à l'enfant. Par conséquent, il accueille les appels avec la plus grande empathie, certain que son écoute permet à l'enfant de supporter son absence.

Le malentendu peut se développer sans fin. L'enfant qui sent son appel toujours plus attendu capte à la fois le plaisir et le soulagement de l'adulte. La dynamique se renforce lorsque l'adulte appelé lance en décrochant : « *Tu ne m'as pas appelé à midi !* » Ou mieux encore : « *Pourquoi tu ne m'as pas appelé à midi ?* » De telles phrases font leur effet : l'enfant saisit qu'il se devait d'appeler. Il balbutie une excuse pour justifier son oubli. Et surtout, il intériorise que l'adulte est demandeur d'appels.

Il existe de multiples formules qui sont incitatives. « *Je croyais que tu avais oublié de m'appeler…* » transmet un message légèrement réprobateur. Instantanément, l'enfant se dit qu'il aurait dû appeler plus tôt. La répétition de tels échanges consolide la relation de dépendance et le malentendu n'a de cesse de s'amplifier : en effet, les appels qui se multiplient confirment pour le parent sollicité qu'il doit jouer un rôle de « rassureur ».

Ainsi ces appels (constitués autour de la demande initiale induite par le parent) sont-ils autoalimentés par les comportements suscités.

Quand l'enfant est petit, le téléphone s'avère parfois utile comme moyen de réassurance. Mais souvent le mobile devient l'un des accessoires du régime fermé : il permet de maintenir un contrôle ou d'entretenir la dépendance.

Au fil des années, l'enfant grandit. On pourrait imaginer que, son autonomie augmentant, les appels vont décroître. Parfois il n'en est rien et le phénomène peut connaître la surenchère propre à un cercle vicieux.

Si l'autre parent souhaite une diminution du nombre d'appels, il va se heurter à l'enfant qui ne veut pas décevoir le « parent rassureur ». Il se verra également confronté au parent qui revendique que l'enfant éprouve un réel besoin d'appeler (ce que confirmera l'enfant). Et ce sera peut-être la cause d'un conflit : celui qui entend restreindre les appels apparaîtra comme un être insensible ne respectant pas les besoins de l'enfant. Quant au parent qui est sans cesse appelé, il s'attribuera le rôle du « bon parent », car à l'écoute de l'enfant.

Le parent soumis à une inflation de l'usage du mobile a peu d'issue. Il se réjouira de se retrouver dans une salle de cinéma ou dans tout autre lieu où l'usage du mobile est proscrit. En dehors de ces quelques « îlots de sécurité », il restera tributaire des « besoins » de l'enfant, lequel s'exclame tout à coup : « *Il faut que j'appelle maman (ou papa)*. »

Dans certains cas extrêmes, le lien téléphonique incessant empêche l'enfant de vivre pleinement une tranche de vie avec sa mère ou son père. Il n'a droit qu'à une parenthèse. Et dans celle-ci, le parent absent entend pouvoir s'immiscer à loisir.

Les appels téléphoniques permettent de faire irruption dans l'autre sphère parentale. Peu importe s'ils perturbent le déroulement d'une journée. L'enfant entre-t-il dans un cinéma avec son père ou sa mère pour découvrir le nouveau film dont tout le monde parle ? Une conversation téléphonique inopinée peut gâcher cette réjouissance. Comment ? Il suffit que le parent qui est à distance manifeste une certaine déception et annonce avoir prévu, quelques jours plus tard, d'aller voir ce même film avec l'enfant. Et voilà celui-ci tiraillé, prêt à renoncer à ce plaisir pour satisfaire le parent absent – *a fortiori* si celui-ci ne se fait pas faute d'insister sur sa propre déception. Hésitation, palabres. L'élan premier est gâché.

En régime fermé, les besoins de l'adulte priment, avec, pour conséquence, d'étendre la main mise sur la vie de l'enfant.

Il existe bien d'autres situations où le téléphone est au centre des dynamiques multiples du régime fermé.

– Certains parents ne se contentent pas de susciter les appels. Ils les réclament ouvertement en argumentant qu'ils ont besoin d'être rassurés.

– Parfois, le parent qui est avec l'enfant crée de fortes tensions en interdisant tout appel à l'intention du parent absent.

En régime ouvert

Le « mobile » est utilisé avant tout entre parents pour des communications d'ordre pratique.

Si un enfant a tendance à s'en servir pour maintenir le lien avec le parent absent, cela ne sera pas perpétué sans réagir. Ainsi quelques paroles du parent appelé permettent-elles de proposer une évolution : « *Tu sais, je suis très content(e) quand tu m'appelles. Cela me fait plaisir. Mais je serais aussi très content(e) si tu parvenais à passer toute une journée sans m'appeler…* »

L'enfant qui entend ces mots est invité à progresser vers une certaine autonomie.

En régime ouvert, chaque parent apprécie à sa juste valeur l'absence d'appels de la part de l'enfant. C'est le signe qu'il peut vivre sans devoir réaffirmer le lien au parent absent. Et si un appel s'avère nécessaire, il émane d'un besoin de l'enfant non-induit par l'adulte – par exemple pour exprimer sa joie ou pour partager une inquiétude soudaine.

Par ailleurs, un certain égard va de soi pour le parent qui se trouve avec l'enfant : dans la mesure du possible, les appels sont évités et le parent qui se trouve sans l'enfant parvient, au prix d'une certaine discipline intérieure, à *lâcher prise* afin que la relation qui se déroule hors de sa sphère se développe le plus librement possible.

En régime ouvert, les enfants ne se sentent pas tenus d'appeler le parent absent. Ils profitent pleinement de cette faculté qui fait souvent défaut aux adultes : celle de vivre avec intensité le moment présent. Ainsi sont-ils prioritairement accaparés par ce qu'ils partagent avec le parent qui est avec eux, ce qui, en soi, est positif.

Le fait que l'enfant ne multiplie pas les appels à l'intention du parent absent est considéré comme un bon signe en régime ouvert. Le signe que l'enfant profite de ce qu'il vit, qu'il soit avec son père ou avec sa mère.

LES INTRUSIONS

En régime fermé

Les intrusions peuvent être de tous ordres. En voici quelques-unes, de manière non-exhaustive :

– L'intrusion « organisée » : « *Je l'ai inscrit à des cours de tennis. Mais les cours auront lieu pendant que tu t'en occupes. Il n'y avait pas d'autre solution.* »

– L'intrusion « bienveillante » : « *Si tu choisis d'aller en montagne, ça n'ira pas, à cause de son vertige. Et puis, prends le train, et surtout pas la voiture. Ce sera moins dangereux. Si tu veux y aller en voiture, ce sera un refus de sa part.* »

– L'intrusion-accusation : « *Si tu lui parles encore une fois en anglais, ça ira mal. Tu es incapable de respecter son choix qui est de parler français.* »

– L'intrusion-frustration : elle consiste, lorsque l'enfant est absent, à réaliser simultanément une activité qui suscite son envie. Lorsque l'enfant pose la question rituelle propre au téléphone mobile (« *Tu es où ?* »), il est simple de l'informer de ce qu'il est en train de manquer. Effet immédiat : l'enfant est déçu. Lui qui vit dans le pétillement du présent regrette soudain de ne pas être ailleurs. Il le dit. Puis, constatant l'embarras du parent avec lequel il se trouve, il tente de se replonger dans ce qu'il est invité à vivre. Pourtant un goût d'amertume subsiste. Pour le parent qui espère partager des instants de valeur avec son enfant, le coup est pernicieux. Peut-être ne s'étaient-ils pas revus depuis quinze jours et se réjouissaient-ils de cette journée ensemble ? Mais voilà que l'enfant, dans sa spontanéité, souhaiterait se trouver ailleurs.

En régime ouvert

Le père et la mère de l'enfant souhaitent que les instants vécus avec l'autre parent soient « protégés ». C'est une prévenance naturelle, car chacun respecte la relation enfant-parent qui se développe désormais hors d'un lieu familial commun. Certes, une certaine nostalgie de l'idéal perdu demeure, mais le régime ouvert, plutôt que de générer regret ou nostalgie, privilégie un certain pragmatisme. Peu importe l'idéal qui n'a pas été réalisé. Ce qui compte, c'est l'idéal qui, *maintenant,* est possible.

Il y a tout à gagner à se concentrer sur cette virtualité-là. Une certaine sagesse réside dans la simple acceptation de la réalité, premier pas pour se donner ensuite des chances de réussite dans de nouvelles conditions de vie. Certes, celles-ci peuvent être difficiles, mais elles ne sont pas uniquement synonymes de dégradation puisqu'une parentalité dissociée amène beaucoup de parents à s'investir intensément. Nombre de pères, en particulier, se découvrent des ressources nouvelles et s'impliquent davantage auprès de leur enfant. Bien des mères, une fois la première période de crise dépassée (et au-delà du phénomène de paupérisation lié à la majorité des séparations), organisent leur vie de manière à offrir à leur enfant une meilleure relation ou une existence plus variée qu'initialement. De nouveaux équilibres se mettent en place comme si un certain vent de liberté soufflait désormais.

L'existence de deux foyers séparés impose une forme de dichotomie à l'enfant. Elle est difficile à vivre si des intrusions intempestives l'obligent à se réajuster trop souvent à l'univers absent. Voilà pourquoi les parents artisans d'un régime ouvert tiennent à respecter ce qui a lieu hors de leur sphère. Chacun tente de ne pas empiéter sur le temps (ou le territoire) de l'autre. Cet égard est salutaire pour l'enfant qui dispose ainsi de l'opportunité de développer une expérience de vie dans l'environnement paternel ou maternel de manière homogène et entière.

Le régime ouvert permet à l'enfant de n'être « qu'avec sa mère » ou « qu'avec son père ». Il partage une relation pleine avec chacun d'eux et accède aux diverses facettes de leur vie. Il découvre deux familles, deux ensembles d'amis, deux modes d'existence sans être l'objet d'intrusions malvenues.

La gestion financière

En régime ouvert

Chacun redoute particulièrement l'émergence d'un désaccord financier qui pourrait compromettre la bonne entente existante. C'est pourquoi, de part et d'autre, tout est entrepris afin de maintenir un équilibre à propos des apports financiers respectifs.

Dans ce domaine, la position du parent hébergeant et celle du parent non-hébergeant sont radicalement différentes. En principe, l'un vit au quotidien avec l'enfant et touche une pension alimentaire, tandis que l'autre la verse et ne vit qu'épisodiquement avec l'enfant.

Une solidarité

Pour le parent qui vit avec l'enfant, la pension alimentaire est appréciable, mais elle ne le libère pas pour autant du souci financier inhérent à l'entretien de l'enfant et à son éducation. Le parent non-hébergeant en a conscience et demeure ouvert à certaines sollicitations lorsque des dépenses extraordinaires surviennent. En agissant de cette manière, il offre davantage qu'un soutien financier : il apporte la preuve tangible d'une solidarité parentale.

De son côté, le parent hébergeant ne sous-estime pas les difficultés rencontrées par l'autre parent. En premier lieu, il n'oublie pas que l'apport financier de ce dernier ne se limite pas au seul versement d'une pension. D'autres dépenses surviennent lorsqu'il s'occupe de l'enfant.

En régime ouvert, c'est la totalité des prestations qui est considérée. Et comme chacun estime positivement l'apport de l'autre, les risques de rancœur sont limités.

Bienfaits pour l'enfant

Une situation dégagée de toute amertume financière a d'importantes conséquences pour l'enfant : il entend de part et d'autre des paroles positives à propos de l'implication de son père ou de sa mère. Qui plus est, il perçoit que tous deux entretiennent une solidarité matérielle centrée sur lui. Par ailleurs, il est à l'abri des propos dénigrants qui abondent en régime fermé.

Cette situation est également bénéfique sur le plan éducatif. Le dialogue parental permet d'agir à bon escient si un enfant tente d'obtenir de l'un des parents ce que l'autre lui refuse. Ce genre de piège est aisément déjoué. Il en va de même lorsque, plus tard, des orientations doivent être décidées au niveau scolaire : une entente sur les conditions financières de ces engagements les facilite.

L'enfant préservé

Les parents qui instaurent un régime ouvert sont immanquablement en contact avec des couples séparés pour lesquels l'affrontement financier est régulier. Les ravages causés par ce genre de conflictualité sont si grands qu'y échapper est source de solidarité accrue et même de fierté. Le régime ouvert se voit consolidé par le maintien de cette entente. Néanmoins, un désaccord n'est jamais à exclure, notamment concernant le réajustement de la pension alimentaire. En régime ouvert, la règle de base étant le bien-être ou même la « paix intérieure » de l'enfant, les deux parents agissent de manière à le tenir entièrement à l'écart d'un éventuel différend. Pour rien au monde, il ne sera pris à témoin ou instrumentalisé.

> En régime ouvert, l'enfant peut connaître le bonheur de rester totalement en dehors des questions financières. Citons comme exemple ce père séparé depuis plusieurs années et qui découvre au cours d'une conversation avec son fils âgé de dix ans que celui-ci ignore ce qu'est une pension alimentaire. À l'évidence, ses deux parents lui avaient épargné tout tracas à ce sujet.
>
> Un parent qui vit en régime fermé peine à croire qu'une telle situation puisse exister, tant il s'est habitué à impliquer l'enfant dans la conflictualité financière du duo parental. Les deux univers sont aux antipodes.

En régime ouvert, la farouche envie de préserver l'enfant incite à résoudre discrètement les divergences financières – probablement en admettant de part et d'autre certaines concessions ; celles-ci apparaîtront peut-être difficiles ; elles seront pourtant agréées sans générer de rancune, car le plus précieux aura été préservé : la quiétude de l'enfant.

Les deux parents sont imprégnés par la conscience de cette priorité absolue qu'est le bien de l'enfant. Le dialogue entre ex-conjoints ne se développe pas en termes d'affrontement. Une conviction domine : l'enfant n'a pas choisi cette situation de séparation et il doit pouvoir partager avec son père et sa mère une vie harmonieuse.

Le duo parental peut constituer une paire de partenaires qui a en commun une responsabilité à la fois merveilleuse et grave : celle d'un ou de plusieurs enfants.

S'affronter pour des questions financières est un fléau redouté. Pour y échapper, chacun s'évertue à comprendre les difficultés ou les limites financières de son ex-conjoint. S'il arrive que les attentes de l'un dépassent les moyens de l'autre, un dialogue s'instaure, et non pas une lutte basée sur l'accusation et la méfiance.

La « paix des braves »

Il est bien connu que les dysfonctionnements relationnels d'un couple ont tendance à se perpétuer après la séparation. Si un régime ouvert peut s'instaurer, c'est grâce à la capacité des deux partenaires à faire preuve d'humilité et d'autocritique. L'expression « paix des braves » peut s'appliquer à deux personnes qui ont été en conflit – ou dans le no man's land d'une communication perdue – et qui parviennent coûte que coûte à s'entendre.

Au lieu de se sentir dépossédés ou humiliés, ils évoluent. Alors que le combat menace, une métamorphose est possible. Une ouverture, une renaissance. Ceux-là mêmes qui ont longtemps dilapidé leurs énergies dans de vaines luttes découvrent parfois cette forme de sagesse. Elle n'est ni renoncement, ni lâcheté mais intelligence et courage.

La lutte sans fin

Continuer à s'affronter, c'est donner encore vie (ou survie) à un couple perdu. C'est prolonger une forme d'« existence commune ». C'est ne pas admettre une vraie fin, une fin entière, sans retour aux affrontements ou aux silences d'avant.

Certains refusent obstinément cette paix-là. Elle leur semble être une défaite. Une amnistie intolérable. Un déni de justice. Alors ils luttent sans fin et tombent dans les mêmes pièges relationnels qu'au temps de leur

« union ». Ainsi demeurent-ils en quelque sorte « unis », c'est-à-dire partenaires dans leur désir de donner tort à l'adversaire ou d'obtenir raison. Peu importe si leur enfant souffre dans cette tourmente. Leur combat leur semble juste. Leurs certitudes irréfutables.

En l'honneur de l'enfant

Le régime ouvert s'instaure en réaction à cette forme de stagnation. La notion de « paix des braves » évoque clairement un défi qui tient à la fois de la pacification et de la bravoure. Pacification vis-à-vis de l'autre et en soi même. La bravoure, elle aussi, est à double sens : bravoure pour soi et conscience de celle de l'autre qui, également, va faire preuve de tempérance, de patience et de renoncement.

Ces notions sont-elles incongrues ? Non. L'existence d'un enfant inspire cette vaillance. L'attention infinie qui lui a été dévolue dès ses premiers instants de vie trouve son prolongement dans cette pacification. Elle lui est due. Elle est nécessaire.

En régime ouvert, un différend financier ne saurait l'altérer. À la manière d'un corps étranger, le désaccord sera mis hors d'état de nuire grâce à un compromis prévenant toute dégradation. En quelque sorte, c'est une question d'honneur qui surgit : pour rien au monde on ne voudra mettre en péril, pour une question pécuniaire, la bonne entente qui règne autour de l'enfant.

En régime fermé

La conflictualité autour de l'argent se développe sur des registres multiples et en fonction des exigences, des revenus ou de l'inventivité de chacun. Quand le désaccord s'amplifie et perdure, il est d'usage que chacun des deux partenaires s'estime lésé et injustement considéré, ce qui est propice à l'émergence de conflits sans fin.

Si cette « guerre économique » restait limitée à deux adultes, elle ne serait que moyennement préjudiciable. Mais dans un régime fermé, cet affrontement pèse sur l'enfant. En effet, chacun des deux parents, à travers des remarques ciblées, conforte l'idée que l'apport de l'ex-partenaire est insuffisant. Jamais ne sont considérés les moyens matériels de celui-ci, ni la valeur intrinsèque de son apport tant il est naturel de minimiser les contributions de l'adversaire.

L'enfant, quant à lui, n'est pas en mesure de vérifier le bien-fondé des jugements émis. Il les entend. Il les subit.

Lorsqu'un des deux parents est amené à fonder une nouvelle famille, les opportunités de représailles financières se démultiplient. L'enfant est malheureusement tenu au courant des rancœurs existantes ou des soupçons d'injustice. Des commentaires sarcastiques fusent. Une phrase suffit ; ou alors une exclamation, une remarque. Habitué à ce genre de propos, l'enfant semble ne plus y prêter attention alors qu'en réalité il est continuellement blessé.

Chaque nouvelle circonstance de vie offre au régime fermé une opportunité de se renforcer. Le contentieux financier est périodiquement réactivé, faisant feu de tout bois. Un acte généreux aussi bien qu'un refus permettent d'ajouter un nouvel épisode à ce feuilleton et c'est véritablement l'implication de l'enfant qui va donner à cette conflictualité un impact redoutable.

L'enfant-témoin

Souvent l'enfant est pris à témoin dès le début de la séparation : « *Avec ce qu'il (elle) paie, je ne pense pas qu'on pourra garder l'appartement. Il faudra partir.* »

« Il (elle) avait promis de payer la moitié de ton abonnement de bus. Mais comme d'habitude, c'était des paroles en l'air. »

« Je vais essayer de lui expliquer que je n'y arrive pas, mais ça m'étonnerait qu'il (elle) comprenne. »

« Il (elle) me demande toujours plus d'argent. Je ne suis pas Crésus. »

« Je ne peux pas dire oui à toutes ses demandes, sinon je n'aurai plus rien pour vivre. »

« Il (elle) gère mal son argent. C'est pour ça qu'il (elle) n'en a jamais assez. »

« Il (elle) a toujours assez d'argent pour lui (elle). Mais pour nous, il (elle) n'en a pas. »

Prononcées en présence de l'enfant, ces paroles transmettent des messages dénigrants. Les parents qui multiplient de tels propos minimisent ou nient leur portée.

Quand le régime fermé sévit depuis un certain temps, ces paroles finissent par sembler banales, comme si elles ne faisaient que relater la simple *vérité* des faits. Au début, l'enfant s'est peut-être montré ébranlé. Avec le temps, il semble s'y habituer, mais l'image du parent incriminé est gravement ternie. Quant au parent qui multiplie les paroles critiques ou sarcastiques, il n'apparaît pas comme un parent dénigrant mais comme un lésé qui a de quoi se plaindre.

L'enfant associé

Peu à peu, l'enfant prend fait et cause pour le parent considéré comme victime car il n'a pas la capacité de recul ou d'analyse d'un adulte. Sans le savoir, le parent dénigrant prend donc appui sur la crédibilité propre à l'enfant et le convainc aisément. Assez naturellement, l'enfant se range du côté du parent qui se plaint, et cela sans pouvoir juger en connaissance de cause (même un adulte peinerait à se faire une opinion mesurée).

Lorsque l'enfant fait alliance avec le parent qui dénigre son père ou sa mère, il s'engage dans une voie qu'il n'a en réalité pas choisie. Elle lui est imposée.

L'enfant-juge

Petit à petit, l'enfant (en fonction de son âge) va porter lui-même des jugements : « *On ne peut pas compter sur lui (elle).* » « *Je vais le lui demander, mais ça m'étonnerait qu'il (qu'elle) paye.* »

En régime fermé, l'enfant est amené très tôt à jouer un rôle qui le dépasse : il va devenir le juge de son père ou de sa mère. Il va participer au conflit, prendre parti et condamner.

L'enfant blessé

Lorsque les deux parents émettent des propos dénigrants, l'enfant voit s'aggraver la blessure intérieure. L'estime qu'il a pour son père ou pour sa mère est altérée.

L'enfant se construit par identification aux figures parentales. Or, si celles-ci sont régulièrement ternies, c'est l'enfant lui-même qui, dans son être intime, est affecté.

Quand les propos gagnent en virulence, l'enfant qui en est le témoin en souffre. Il est au courant de griefs importants. Il souhaiterait agir, mais fait le constat de son impuissance.

L'univers d'un enfant n'est pas celui des pensions alimentaires et des querelles entre adultes. En entraînant l'enfant dans cette conflictualité, on attente à son insouciance et à sa joie de vivre. Qu'il ait cinq ou dix ans (ou davantage), l'enfant n'a pas à être happé par ces disputes. Quels que soient les enjeux, son implication est absurde et douloureuse.

L'enfant rejetant

Partenaire involontaire de ces polémiques, l'enfant n'est pas en mesure d'échapper à ce qu'il capte. Quand il noue alliance avec l'un de ses parents, il radicalise sa pensée au point de rejeter la mère ou le père régulièrement incriminé.

Alors qu'il aurait dû être préservé, le voilà, tel un partisan, aux côtés du parent qu'il voudrait défendre. Habituellement l'adulte en question n'admet pas sa part de responsabilité dans cet embrigadement. Il est d'ailleurs conforté par l'enfant (ou l'adolescent) qui revendique son positionnement comme étant autonome.

L'enfant revendicateur

Lorsqu'il est le prolongement du parent dénigrant, l'enfant devient son représentant, son « ambassadeur », son porte-parole. Ainsi le parent cible se retrouve-t-il non seulement face à l'ex-conjoint, mais aussi face à son enfant. Les enjeux affectifs étant importants, sa position est des plus délicates.

En régime fermé, l'enfant se voit impunément utilisé, blessé et mobilisé pour les besoins de la cause. Et lorsqu'il est devenu un parfait « enfant-soldat », le parent allié affirme qu'il faut « l'écouter et respecter ses choix ».

Dans certains cas moins graves, l'enfant n'est pas directement entraîné à devenir un partisan actif. Il n'en demeure pas moins qu'il n'aura pas été respecté car son enfance aura été envahie par des disputes d'adultes.

L'accord sur le silence

La situation s'aggrave quand le parent aliénant demande à l'enfant de ne pas évoquer certains sujets en présence de l'autre parent (par exemple, la question financière). Ce genre de consigne vise à éviter tout argument parasite de la part de l'adversaire : « *Ne lui parle surtout pas de ça. Sinon il (elle) en profitera pour te mentir ou pour dire du mal de moi.* »

L'enfant qui est captif de ce genre d'alliance devient véritablement un otage. Il est le jouet du parent allié. Quant au parent cible, il est sous-informé et se retrouve isolé. Sa relation avec l'enfant semble pêcher par manque de franchise. En réalité, elle est balisée de l'extérieur.

Une contre-action ?

Quand un père ou une mère constate que son enfant est tenu au courant de litiges financiers, il est difficile de réagir judicieusement.

Demander à l'ex-conjoint davantage de réserve en ce domaine est voué à l'échec. Alors faut-il se décider à en parler à l'enfant en termes mesurés ? En réalité, tenter une contre-argumentation est vain, aggrave la situation et agacera l'autre parent. Il reste à tenter d'affirmer que les questions financières devraient en principe se régler exclusivement entre adultes. Mais cet argument ne portera ni auprès de l'ex-conjoint ni auprès d'un enfant devenu partisan convaincu.

On voit ici combien le régime fermé, même amorcé par une seule personne, entraîne l'autre parent dans une situation sans issue.

LES « CADEAUX » DE LA GÉNÉTIQUE

À travers un père et une mère s'incarnent deux lignées familiales qui sont porteuses de certains héritages (physiques ou symboliques) diversement interprétés.

Un enfant, en raison d'une ressemblance corporelle ou comportementale avec son père ou sa mère (ou un aïeul), se voit souvent renvoyé à une seule des deux appartenances familiales. Lorsqu'il s'agit de « défauts », les réflexions moqueuses sont douloureuses. Elles le sont encore davantage lorsque les parents sont séparés : il est aisé d'imaginer le malaise que suscitent diverses vexations concernant des caractéristiques propres à la famille du parent absent alors même que l'enfant en est porteur dans sa chair.

En régime ouvert

Délicatesse et retenue s'imposent envers les aspects de l'enfant qui semblent relever de l'autre lignée. Il n'est pas question de s'appesantir sur un héritage génétique malheureux qui proviendrait de l'autre parent.

Un orteil disgracieux, une mauvaise vue ou un « trait de caractère » sont souvent l'objet de commentaires quant à leur origine familiale présumée. Lorsque les parents sont séparés, les allusions prennent une portée nouvelle. En régime ouvert, père et mère y sont très attentifs. Voilà pourquoi ils vont se réjouir de témoigner une véritable affection pour la chevelure très noire de leur enfant (qui semble héritée de l'autre lignée) ou pour cette obstination à se cogner le front (soi-disant typique de papa ou de maman).

Cette forme de tendresse peut étonner, mais elle existe. Elle est extrêmement précieuse aux oreilles de l'enfant : il sait ses parents séparés mais il perçoit que les deux lignées dont il est issu peuvent s'exprimer librement dans son corps. Il échappe à un « écartèlement » symbolique entre ce qui est bon et mauvais, entre ce qui lui a été transmis par sa mère et par son père.

Faut-il rappeler qu'un double apport génétique se retrouve en chacune des cellules du corps humain ? Il n'existe pas de manière plus concrète d'être constitué à parts égales de deux héritages biologiques.

Par une forme de sollicitude propre au régime ouvert, chaque parent respecte ces deux parts constitutives de l'enfant. Après la séparation, ils sont même enclins à valoriser toute caractéristique provenant en apparence de l'autre parent. À travers cette reconnaissance-là, ils témoignent que l'enfant est pleinement accepté tel qu'il est.

En régime fermé

Le présumé « héritage génétique » offre un terrain de choix pour disqualifier le parent absent, cela en dévalorisant tout ce qui peut évoquer cet adversaire à l'intérieur même de l'enfant.

En effet, cet héritage (tout comme l'ex-conjoint lui-même) est « parasite » après la séparation. Il doit être combattu de moult manières, y compris à l'intérieur de la personnalité ou du corps de l'enfant.

Pour agir, le dénigrement est fréquent, le sarcasme aussi. Plus anodin, mais tout aussi cruel, le rire amusé produit son effet :

« *Tu as de très belles jambes ! Dommage que tu aies les chevilles de ton père (ou de ta mère).* »

« *Quand tu te mets en colère comme ça, on dirait ton père (ou ta mère).* »

« *Tu es un bon élève, mais pour les fautes d'étourderie, tu me fais penser à ta mère (à ton père).* »

« *Ton père (ta mère), c'est le champion des promesses ! Mais il ne les tient jamais. Alors ne commence pas comme lui (comme elle) !* »

De telles réflexions altèrent l'image de soi que se construit l'enfant. Le voilà impitoyablement ramené à une part mauvaise présente en lui. Il est à remarquer que, paradoxalement, l'enfant va parfois voir se renforcer ce qui le rattache à la lignée dépréciée car, dans la mesure où elles sont attaquées, les « fidélités » sont souvent amenées à se radicaliser.

Si les deux parents agissent de concert, la dévalorisation s'accentue. Champ de bataille pour deux adultes en mal de suprématie, l'enfant subit un combat à distance. Il s'agit de s'octroyer le mérite de ses qualités et d'attribuer à l'adversaire ses insuffisances. L'enfant est instrumentalisé. Sa personne est assujettie à des appartenances familiales alors qu'il préférerait les dépasser pour exister en être autonome.

Afin de bien percevoir l'aspect pathétique de ce processus, peut-être faut-il se souvenir de la fascination vécue par le couple lors de la naissance de l'enfant. Deux adultes ont vu apparaître un être nouveau et ont été émus par le petit corps qu'ils ont généré. Comme tout un chacun, ils se sont émerveillés devant le miracle de la vie se perpétuant à travers la naissance d'un bébé qui, sans eux, ne serait pas là, devant leurs yeux. Peut-être ont-ils connu un sentiment d'euphorie en se sentant parties prenantes de ce miracle ? C'est ensemble qu'ils sont devenus mère et père et se sont découverts des énergies nouvelles. Malgré les difficultés inhérentes à ces nouvelles responsabilités, ils se sont projetés dans l'avenir en tant que parents désireux d'assurer le développement de leur enfant, année après année. Et de multiples souvenirs heureux sont à jamais associés à ces débuts.

Pour qui a vécu le bonheur de voir naître un enfant, la désillusion née de la séparation, puis d'un régime fermé, est d'une violence extrême. Car désormais vont régner l'accusation, l'incommunication, la rancune. La douleur née d'une telle descente aux enfers va en s'amplifiant. Et chacun des deux partenaires déplore cette situation tout en se persuadant qu'il en est la victime plutôt que le responsable.

Et l'enfant ? Enjeu de cette lutte, il va permettre de pérenniser la conflictualité du couple. Car le régime fermé n'entraîne pas forcément une prise de distance par rapport à l'ex-partenaire. Il permet au contraire de garder vivace une ultime dynamique relationnelle, celle du désaccord. Grâce à une conflictualité ancienne sans cesse réactivée, le lien est entretenu comme s'il était impossible de « solder les comptes » pour aller vers une vie nouvelle. Empêtré dans le régime fermé, le couple séparé passe à côté d'un renouveau. Il ignore entièrement ce qu'aurait pu être une bonne relation parentale une fois débarrassée des récriminations.

Un jour, une décision de séparation a été prise et a créé une situation nouvelle. Elle nécessite une évolution intérieure dont la pierre angulaire est le refus de céder à la victimisation, et cela quelles que soient les circonstances de la séparation.

Échapper aux souffrances et aux impasses du régime fermé est vital. Et possible. Grâce à une évolution qui ne prend pas naissance à la faveur du bon vouloir de l'autre, mais grâce à une mutation en soi même. Ce qui, à l'évidence, nécessite du courage.

COUPURE DE LONGUE DURÉE

En régime fermé

L'hyperloyauté peut engendrer certaines crises. L'un des épisodes les plus graves consiste en une coupure de longue durée.

Soulagement pour l'enfant

À la faveur d'un élément déclencheur, l'enfant affirme ne plus vouloir revoir pour l'instant son autre parent. La rupture peut durer des semaines, voire des mois ou des années. Elle a tendance à se prolonger, car l'enfant y gagne une forme de tranquillité. Une fois coupé de son père ou de sa mère, il découvre les « bénéfices secondaires » d'une trêve sans fin. Il n'a plus à composer avec des sentiments ambivalents qui sont psychiquement éprouvants. Plus besoin de se préparer à un départ vers l'autre parent. Plus de « double vie » synonyme de trop de réajustements. Plus de retrouvailles annonciatrices de séparation. Un sentiment de bien-être se manifeste pour l'enfant qui, depuis longtemps, était l'objet de pressions latentes. Sa vie oscillait entre deux adversaires : voilà qu'il en est libéré.

En écartant le parent « satellite », l'enfant s'étonne des avantages qui en découlent. Un seul parent subsiste dans sa vie quotidienne, comme s'il n'existait qu'une loyauté possible.

Le « bon » et le « mauvais » parent

L'enfant exprime parfois la sensation que le parent satellite lui semble de plus en plus éloigné et qu'il ne fait pratiquement plus partie de sa « famille ». Ce genre d'affirmation ne manque pas de déconcerter le père ou la mère qui tente, au fil des années, de maintenir des liens en dépit de l'adversité.

Quand une coupure s'installe, le parent écarté n'en maîtrise pas la durée. C'est en régime fermé qu'elle peut se prolonger car le processus en œuvre tend à attiser les ralliements. Plus le temps passe, plus la dynamique en vigueur se verra confirmée dans ce qu'elle est : d'un côté un parent qui est aimant, présent et engagé ; de l'autre, un parent lointain et présumé désengagé, voire indifférent.

En régime ouvert

Il va sans dire qu'une rupture de ce type ne saurait perdurer en régime ouvert, car l'adulte qui bénéficie d'une relation continue avec l'enfant se porte garant du contact avec l'autre parent. Il le favorise. Il en parle positivement. Et si une difficulté relationnelle surgit, elle ne sera pas dramatisée. Une coupure peut certes intervenir. Mais elle ne s'inscrira pas dans un contexte de lutte pour l'hégémonie parentale. Elle ne sera donc pas instrumentalisée en vue de renforcer une quelconque forme de monoloyauté.

L'ENVIRONNEMENT SOCIAL ET FAMILIAL

Avant leur rencontre, chaque partenaire disposait d'un ensemble d'amis et de relations qui lui étaient personnels. Au cours des années de vie commune, ces deux entités se sont rencontrées et ont créé de multiples liens.

La séparation du couple provoque un bouleversement à l'intérieur de ce tissu de relations.

En régime ouvert

Pas de ralliement obligatoire

Chacun des deux partenaires veille à ne pas discréditer l'environnement de l'ex-conjoint. L'intérêt de l'enfant va dans ce sens. Par ailleurs, il n'est jamais demandé à qui que ce soit de « choisir son camp ». Le régime ouvert rejette l'idée de ces ralliements. Chaque parent veut éviter que l'enfant qui serait éventuellement témoin de ces prises de position ne se sente tenu de faire un choix, lui aussi.

Pas de campagne de dénigrement

L'entourage amical ou familial se montre surpris de constater l'absence de paroles désobligeantes entre ex-conjoints. Certaines personnes tentent parfois d'obtenir des confidences ou d'amorcer une polémique, mais grâce à la retenue des deux ex-partenaires, ces velléités s'estompent. Finalement, l'entourage prend conscience qu'au-delà de la rupture du couple, une entente parentale s'est instaurée.

Lutte contre la médisance de l'entourage

Il arrive que certains amis (souvent prisonniers du régime fermé dans leur vie personnelle) imaginent une scission belliqueuse et soient prêts à devenir juges de l'échec conjugal.

En régime ouvert, chacun se montre vigilant face à ces élans partisans et cherche à s'en préserver. Car la médisance est susceptible de déployer rapidement ses effets. Souvent, c'est au sein même des deux familles que s'amorcent des prises de position intempestives (fratrie ou grands-parents). Il s'agit de les juguler et chacun veille à réprimer les ardeurs condamnatrices de sa propre famille, ce qui ne va pas sans peine, car il est réconfortant de recueillir un témoignage d'empathie – qui, au passage, ne se fait pas faute de blâmer l'ex-partenaire.

Préservation des deux familles

Tout commentaire négatif à propos de son ex-conjoint est perçu comme périlleux en régime ouvert. Chacun s'en défend et ne perd pas de vue ce bien suprême : la préservation pour l'enfant d'une certaine harmonie parentale et familiale. Très fréquemment, les grands-parents y contribuent car ils sont enclins à laisser au second plan la conflictualité du couple pour concentrer leur attention sur l'enfant. C'est lui, désormais, qui est prioritaire. Lui qui, à leurs yeux, devrait pouvoir maintenir une relation vivante avec l'ensemble de son entourage familial.

Union contre l'esprit partisan

Pour sauvegarder une certaine fluidité à l'intérieur d'un important réseau de relations, il faut toute la subtilité d'un régime ouvert à la pacification.

Il est à relever que même si les parents de l'enfant consacrent leur énergie à prévenir les ralliements de leurs proches, jamais tout péril n'est écarté. C'est dire l'importance d'une volonté de préserver l'enfant. Sinon, celui-ci sera le témoin de prises de position qui vont partager son univers en deux camps antagonistes.

En régime fermé

Toute personne est un allié potentiel. Il s'agit donc d'argumenter et de convaincre pour amener à prendre parti.

Se présenter comme victime

Dans la fureur de la rupture, de nombreux moyens sont utilisés pour discréditer l'ex-conjoint et s'attribuer le statut de victime.

Il est communément admis que les responsabilités d'un échec conjugal sont partagées et pour le moins complexes à démêler. Cette évidence n'est d'aucun poids en régime fermé car il est essentiel que les responsabilités soient attribuées unilatéralement à la partie adverse : c'est le socle sur lequel s'appuyer pour obtenir le précieux statut de victime qui va justifier les attitudes de fermeture qui vont suivre.

L'enfant témoin des ralliements

Dans ce contexte, l'enfant est forcément témoin de certains propos diffamants. Il capte les scissions mises en place. La période qui suit la rupture est particulièrement riche en paroles visant à informer les membres de l'entourage de ce qui est arrivé – avec force arguments et faits concrets qui ne laissent aucun doute quant aux responsabilités accablantes de l'ex-conjoint.

L'enfant, surtout s'il est très jeune, perçoit mal l'aspect subjectif de ce qu'il entend. Il ne peut rien opposer à ce qui se développe devant lui.

La phase du « tri »

Le père ou la mère qui évolue en régime fermé ne désarme pas et poursuit sur la même voie : agir pour obtenir le ralliement des proches et souhaiter implicitement de leur part la condamnation de l'ex-conjoint.

Comme dans tout système autoritaire, vient l'étape où il faut compter ses alliés. C'est la phase du « tri ». Elle consiste à écarter les personnes coupables de maintenir une relation cordiale avec l'ennemi. Toute attitude modérée est perçue comme une traîtrise. Si une sympathie pour le camp adverse n'a pas été ouvertement annoncée, cela constitue une circonstance aggravante : le crime de trahison est alourdi par le délit d'hypocrisie. Une sanction s'impose : rejeter le dissident soi-disant manipulé par l'ennemi.

Un message pour l'enfant

Un univers qui était autrefois homogène se clive avec force. Ce processus amène l'enfant à constater une évidence : certaines personnes tombent subitement en disgrâce et se voient rejetées. Tel est le message qu'il va intégrer : toute tentative de fidélité plurielle est fatale car assimilée à une traîtrise.

On peut imaginer l'impact de cette découverte : l'enfant constate que nombre d'adultes – malgré leur statut d'adulte ! – cèdent aux pressions et choisissent un camp. L'enfant ne peut qu'être affecté par le sort réservé à ceux qui osent résister : ils sont rejetés, et cela, en dépit des liens affectifs qui ont existé antérieurement. Alors lui, dans sa position d'enfant, que peut-il ? Se rebeller ? Lutter contre ce régime ? Les adultes eux-mêmes n'ont pu s'y opposer.

Un étau efficace

Face à un système qui impose une fidélité sans faille, il devient périlleux pour l'enfant d'évoquer l'autre parent en termes positifs. S'il transgresse le tabou en évoquant son père (ou sa mère) d'une manière affectueuse (ou avec le ton d'« avant » la séparation), il suffit de peu (un regard, une mimique, un étonnement) pour qu'il capte que ce genre de manifestation n'est plus de mise.

De même qu'à l'intérieur d'un régime totalitaire, deux instances complémentaires vont œuvrer de manière plus ou moins subtile : le service de la propagande (ou de l'endoctrinement) et le service de répression des dissidences. L'analogie peut sembler brutale. Elle a pour but d'illustrer l'étau qui va enfermer l'enfant et conditionner durablement son existence. Mais n'imaginons pas que ces deux instances vont utiliser la force, la menace ou la persuasion pour agir sur l'enfant. Ce seront en définitive des procédés moins repérables qui vont être à l'œuvre : l'humour, la séduction, la plainte, le ressassement. De manière à apparaître comme une personne blessée (et éminemment émouvante) que l'enfant considérera avec admiration et tendresse.

La « liberté » de l'enfant

Afin de perdurer, un tel régime s'appuie sur une mise en scène d'envergure. Au cœur de ce dispositif, une imposture est absolument centrale : elle consiste à affirmer que l'enfant demeure libre de ses pensées. En effet, il est capital que toute idée de conditionnement soit abolie et que l'enfant ait la conviction que les opinions qu'il capte relèvent d'une simple transmission de ce qu'est la vérité. Un endoctrinement réussi implique que l'enfant évolue avec la certitude qu'il n'est ni influencé, ni conditionné. Et encore moins manipulé. Au contraire : il s'estime auteur de ses jugements et certain de détenir une vérité forgée en toute indépendance.

La candeur du manipulateur

L'adulte qui est parvenu à cette forme de verrouillage n'a souvent pas conscience de son impact sur la pensée de l'enfant. Celle-ci a été modelée au jour le jour à travers le souci de transmettre une « vision des choses » adéquate.

Cette conviction de non-manipulation propre à l'adulte se voit confirmée par le fait que l'enfant prend vigoureusement à son compte les « vérités » qui jalonnent le régime fermé. Dans ces circonstances, l'impasse est totale puisque ni l'adulte ni l'enfant ne sont en mesure de s'extraire d'un système de pensée qui s'est mis en place à travers une dynamique impalpable. À la cécité de celui qui est manipulé s'ajoute souvent la candeur du manipulateur, certain de n'inspirer aucune pensée, aucun comportement.

Une remise en cause ?

Cette forme d'enfermement à deux est difficile à ébrécher. Le parent « satellite » est particulièrement mal placé pour en dénoncer le fonctionnement : à la moindre allusion de sa part, le système renforce sa défense et s'en trouve consolidé.

Si une remise en cause peut survenir, c'est la plupart du temps grâce à une personne entièrement extérieure au système (ou à la faveur de lectures ou autres expériences personnelles échappant à tout balisage). L'enfant (souvent l'adolescent) parvient à élaborer de nouveaux repères qui l'incitent à reconsidérer les fondements de son univers familial – avec un risque de déstabilisation ou de désillusion lorsque ce qui semblait certain ne l'est plus.

Un enfant tributaire d'un régime fermé ne sera toutefois jamais pleinement conscient des conditionnements subis, car il est difficile, même devenu adulte, de les identifier pour ce qu'ils furent.

Les voix rejetées

Dans ce contexte particulier, toute personne en position d'exprimer une parole dissidente est destinée à être écartée. Il s'agira peut-être d'un membre de la famille, d'un ami, d'un enseignant, d'un médecin ou d'un psychothérapeute. Peu importe la provenance ou la valeur du discours qui ouvre une brèche dans le régime fermé. Très rapidement, un prétexte sera utilisé pour évincer cette voix parasite. C'est une des constantes du régime fermé : se protéger du danger extérieur.

Cette réalité complique sensiblement le travail d'un éventuel psychothérapeute : pour ne pas être rejeté, il est contraint de mesurer sans cesse son propos afin de ménager la susceptibilité parentale. Il est parfois tenté de s'exprimer de manière directe, mais il saura l'éviter, sachant que ce type de père ou de mère n'hésitent pas à interrompre les séances pour porter leur choix sur un thérapeute plus complaisant, privant ainsi l'enfant d'une ouverture possible.

La démarche thérapeutique est limitée par l'ambivalence de ce parent qui, tout en s'adressant à un tiers censé soulager le trouble de l'enfant, exige de lui qu'il ne remette pas en cause le régime fermé. Seul sera agréé le thérapeute qui acceptera la difficile tâche de travailler à l'intérieur de cette contradiction.

Ainsi, que ce soit au niveau familial, scolaire, amical, professionnel ou médical, une scission s'établit-elle entre personnes alliées et personnes menaçant le système. Au fil du temps, la vigilance du parent aliénant devient instinctive, lui permettant de détecter les dissidents potentiels. Même les camarades de l'enfant qui pourraient représenter un risque sont repérés. L'intrication entre la pensée de l'adulte et celle de l'enfant peut devenir si forte que l'enfant ne se sentira en confiance avec un ami que lorsque celui-ci aura été agréé par le parent allié.

Système englobant

D'année en année, les contours du régime fermé n'apparaissent quasiment plus : il n'existe que cette référence, que ce système-là. Il ne possède pas de frontières avec un autre système puisqu'il occupe tout l'espace de pensée. Il englobe la réalité. En l'absence de contradicteur, il déploie sa puissance. Il n'apparaît pas comme une prison puisqu'il s'étend sans limites. Le désigner sous le nom de « régime fermé » semble impropre dans la mesure où il a conquis l'entier de l'espace. Il ne constitue pas un champ clos mais une entité englobante.

Malgré cela, il est difficile d'éviter que ce régime, à la faveur d'une faille inattendue, ne se lézarde. Lorsque les premiers signes de faiblesse se manifestent, la désillusion est à la mesure de la toute-puissance d'antan.

LA FORMATION D'UN NOUVEAU COUPLE

La période qui suit la séparation est parfois marquée par des relations amoureuses ne s'inscrivant pas dans la durée. Il est conseillé de ne pas en informer les enfants puisque cela ne les concerne pas directement.

Mais arrive le moment où se noue une relation « significative » avec un nouveau partenaire. Dès lors, si cette liaison est amenée à être vécue au grand jour, il devient nécessaire d'en parler.

En régime ouvert

La constitution d'un nouveau couple est accueillie sans amertume par l'ex-conjoint. Chacun disposant de sa propre liberté, celle-ci est respectée.

Quand existe une bonne coparentalité, il est positif pour les deux parents d'en parler tout d'abord entre eux. Se tenir au courant des orientations importantes en ce qui concerne la vie de couple est perçu comme nécessaire, cela en particulier quand un nouveau partenaire va entrer en relation avec l'enfant. Si celui-ci a la chance d'apprendre que la personne nouvelle est bien acceptée par son autre parent, il sera rassuré.

Certaines paroles ont un impact décisif quand elles marquent cet accueil positif : « *Je suis content que ta maman soit maintenant avec ce nouvel ami. J'imagine que c'est quelqu'un de bien et qu'il sera aimable avec toi.* »

Ces mots représentent énormément pour l'enfant. La liberté lui est accordée d'apprécier la personne nouvelle venue. Cette ouverture est à l'inverse d'un rapport de rivalité qui induit rapidement limites et interdits. Il est frappant de constater à quel point l'enfant se réjouit de recevoir une telle « permission émotionnelle ». Cette étape est fondatrice. Secondairement, une forme de reconnaissance est éprouvée envers l'ex-conjoint qui a adopté une attitude d'ouverture vis-à-vis de la nouvelle relation.

Dans ces conditions, l'enfant bénéficie d'un bon préalable. Il a tout à y gagner. Ce sera à lui, ensuite, de se faire une opinion et celle-ci ne sera pas conditionnée par un mauvais accueil initial.

S'il s'avère, avec le temps, que le nouveau couple est stable, cela peut constituer un bien pour l'enfant : « *Un nouveau couple est au final une bonne chose pour l'enfant. Il fera l'expérience que deux adultes peuvent être à nouveau ensemble après que leur première vie conjugale ait échoué. À l'inverse, quand le parent reste seul, l'enfant aura du mal plus tard à s'épanouir dans son propre couple.* » (É. Darchis et G. Decherf, *op. cit.*, p. 78.)

Si les deux ex-conjoints forment chacun un nouveau couple, ce seront quatre adultes qui, désormais, seront en relation avec l'enfant. En régime ouvert, les paroles positives et la collaboration intelligente vont aider à constituer autour de l'enfant un réseau de relations saines. C'est dans le concret de la vie que pourra se mettre en œuvre une entente précieuse à de multiples égards (gestion de la prise en charge et de l'éducation des enfants ; concertation pour les congés, les vacances ou les orientations importantes ; dialogue pour divers achats, etc.)

Au cœur d'une famille recomposée fonctionnant harmonieusement, l'enfant a l'opportunité d'entendre des paroles positives à propos de sa mère, de son père, de sa « belle-mère » ou de son « beau-père ». L'absence de dénigrement est la clé de voûte de l'ensemble si bien que l'enfant est épargné par les tiraillements et les conflits de loyauté.

Bien évidemment, la constitution d'une famille recomposée va dépendre de la personnalité de chacun. Il n'est pas rare qu'il y ait conflit d'intérêts, voire rivalité entre les enfants (ou les adolescents) et le nouveau partenaire. Adultes et enfants sont immanquablement confrontées à des ajustements délicats. Les enjeux amoureux et éducatifs peuvent s'entrechoquer. Former un nouveau couple avec un homme ou une femme qui est également père ou mère implique que sa vie parentale soit prise en considération et que chaque enfant trouve sa place dans la nouvelle configuration familiale.

En régime fermé

La formation d'un nouveau couple va engendrer nombre de difficultés.

Tout d'abord, cette situation a le pouvoir de réactiver des blessures mal cicatrisées. Il arrive en effet qu'en dépit d'une séparation qui est effective depuis des années, l'un ou l'autre s'arroge encore des « droits » sur la vie de l'ex-conjoint. Une union nouvelle, dans ce contexte, provoque une réactualisation du sentiment de « trahison ». La liberté de refaire sa vie n'est donc pas admise et un système de dépendance est encore agissant. En quelque sorte, la séparation du couple n'a pas été totalement assumée.

Au niveau parental, l'apparition d'une personne nouvelle pouvant être amenée à jouer un rôle auprès de l'enfant peut être vécue comme un événement synonyme de danger et de perte de contrôle. Peu importe la personnalité de l'intrus. C'est en termes de pouvoir et de lutte d'influence que ce changement est envisagé.

Puisque la personne nouvelle (homme ou femme) est considérée comme malvenue, elle sera peut-être dénigrée. Si l'intrus est une personne de valeur, elle représentera un danger accru. Son éviction sera nécessaire car si, d'aventure, l'enfant pouvait être le témoin d'une vie de couple harmonieuse, de nouvelles perspectives s'offriraient à lui.

En régime « mi-fermé », la personne nouvelle est en partie tolérée, mais l'enfant est maintenu dans un conflit de loyauté qui restreint sa liberté de nouer une relation affectueuse. Concrètement, le parent dénigrant agira de la même manière qu'avec le parent cible. Les stratégies ne diffèrent pas afin de maintenir un certain niveau de défiance.

Pour un enfant réellement captif du régime fermé, le gâchis est triple : son rapport avec le parent dénigré demeure perturbé ; sa relation avec le nouveau partenaire est limitée ; enfin, il ne peut profiter de vivre pleinement aux côtés d'un couple pouvant donner l'exemple d'un élan neuf après un échec.

Annoncer qu'une nouvelle relation de couple s'est constituée est extrêmement délicat en régime fermé.

Dans ce moment particulier où l'enfant est confronté à l'apparition d'un nouveau partenaire dans la vie de l'un de ses parents, des mots bienveillants de la part de chacun d'eux seraient extrêmement précieux. Or, en régime fermé, il n'y aura pas de paroles positives de la part du parent qui a appris ce changement. C'est même l'occasion de paroles railleuses : « *Ça ne va pas durer.* » « *Je plains celle (celui) qui va vivre avec lui (elle).* » « *Et en plus, il (elle) nous jette son bonheur à la figure.* » « *Après tout le mal qu'il (elle) nous a fait, il (elle) ne voudrait quand même pas qu'on se réjouisse…* »

Quelle que soit la valeur humaine de la nouvelle compagne ou du nouveau compagnon, le parent qui persiste à se victimiser va induire la mise à distance. Il n'y aura pas besoin de grands discours pour que l'enfant perçoive ce désappointement et le fasse sien en vertu de cette osmose émotionnelle propre à la relation d'hyperfidélité. Il suffit à l'enfant de vivre l'absence de toute parole bienveillante à l'égard de la nouvelle relation pour être conditionné. Les mots manquants agissent. Ils façonnent.

Il existe des cas d'espèce étonnants où, de nombreuses années après un divorce, l'apparition d'une relation amoureuse dans la vie de l'un des deux ex-conjoints donne lieu à une vive réaction de la part du « parent victime » qui s'empare de cette circonstance pour conforter son image de personne trahie.

À l'inverse, en régime ouvert, le nouveau partenaire amoureux est accueilli avec contentement (à plus forte raison si une bonne relation avec l'enfant est possible). Malheureusement, il n'en est rien en régime fermé. Le « parent aliénant » va agir spécifiquement contre cette nouvelle relation, en particulier lorsque se profile la perspective d'un cadre familial chaleureux situé hors de son giron. Il s'agit de limiter l'accès de l'enfant au nouveau foyer. En quelque sorte, la nouvelle configuration n'est pas assimilable. Que l'enfant vive de bons moments avec le nouveau couple serait vécu comme une défection. Il ne peut en être question. L'enfant – toujours otage – est amené à prendre ses distances avec le nouveau couple. Là encore, il est dépossédé d'une part de la vie qui se présentait à lui.

Le régime fermé est captif d'une funeste fatalité : toute nouvelle circonstance, même heureuse, va renforcer l'étau. C'est une prison dont les murs ne cessent de grandir, un réseau d'interdictions et de tabous qui va en se complexifiant. L'enfant est pris dans cet engrenage. Poussé à l'extrême, ce régime aboutit à l'exclusion de l'un des deux parents, comme si, de resserrement en restrictions, il fallait que ne demeure en place que le parent allié.

Le pseudo-abandon subi par l'enfant

Certains mots peuvent être lourds de sens. Citons ceux de cette grand-mère s'adressant à ses deux petites-filles et leur disant d'un ton triste (et peut-être touchant) : « *Ça doit être difficile, pour vous deux, depuis que votre père vous a abandonnées.* »

En régime ouvert

Les fillettes en question ne se montrent pas déstabilisées par ce « constat d'abandon ». Et l'aînée de répliquer : « *Mais non, mémé ! Papa nous a pas abandonnées. C'est seulement nos parents qui se sont séparés.* »

À l'âge de neuf ans, cette fillette parvient à clarifier la situation en quelques mots. Son propos laisse supposer que probablement ni son père ni sa mère ne fonctionnent en régime fermé, lequel se fait fort de confondre les niveaux parental et conjugal.

En régime fermé

Il n'est pas rare que soit transmise à l'enfant (par l'un des deux parents) l'idée qu'il a été *trahi* et même *abandonné.* L'enfant risque alors de se constituer en co-martyr et de s'inclure dans un scénario de victimisation.

Face à ce phénomène, une question surgit : pourquoi une mère ou un père peut-il avancer l'idée d'un abandon subi par l'enfant quand justement l'autre parent souhaite ardemment maintenir le lien ? Pourquoi infliger à l'enfant la pensée qu'il est abandonné alors qu'il ne l'est pas ?

Il est courant de répondre à ce questionnement en évoquant la relation fusionnelle liant parent et enfant. Soit. Mais il est tentant de saisir avec davantage de précision ce qui anime un parent qui décrète avec conviction que l'enfant a été abandonné.

Une hypothèse semble envisageable : le parent qui subit douloureusement la séparation du couple éprouve un intense sentiment de perte. Les liens puissants qu'il a tissés avec l'enfant favorisent alors une confusion : « *Me voilà séparé, et mon enfant l'est également. En effet, lui aussi perd l'unité familiale d'avant. Lui aussi subit donc une forme de perte ou d'abandon.* »

Le choc émotionnel dû à la rupture explique qu'il est parfois difficile d'admettre que mon enfant va pouvoir conserver une relation chaleureuse avec l'être qui pour moi, est perdu.

Tout psychothérapeute confronté à une situation de ce genre va tenter d'émettre une parole rétablissant la distinction entre le niveau conjugal (où il y a séparation et perte) et le niveau filial (où il n'y a pas séparation, mais réaménagement).

Pourtant, cette tentative de clarification demeure souvent vaine, car le parent allié à l'enfant ressent cette distinction comme une atteinte à son lien avec l'enfant (dans la mesure où celui-ci vivrait maintenant une situation *autre*).

Accepter la différence de situation entre moi (qui suis « délaissé ») et mon enfant (qui ne l'est pas) aurait pour effet d'augmenter le sentiment de solitude vécu par l'adulte que je suis.

En effet, comment accepter que mon enfant soit encore choyé par cette personne qui, pour ce qui me concerne, est perdue ? En me persuadant que l'enfant, lui aussi, est « abandonné », je vais pouvoir retrouver un peu de la « situation d'avant la séparation » dans laquelle il existait un parallèle entre les possibilités relationnelles de l'enfant et les miennes avec l'être aimé.

La constitution d'une « communauté de malheur » naît donc d'une bonne intention : alors que la famille éclate, il faudrait sauver l'idée d'un destin familial commun, cela au moins pour l'enfant et moi-même. À l'inverse, envisager que mon enfant, lui, ne subit pas la même perte que moi représente un danger terrible, à savoir celui d'admettre que nos destins personnels diffèrent désormais grandement. Accepter cette réalité serait s'infliger une seconde « rupture » (entre mon destin et celui de l'enfant). D'une certaine manière, une telle prise de conscience est trop douloureuse.

Dans ce contexte, dire à son enfant : « *Papa (ou maman)* nous *a abandonnés...* » n'a peut-être pas pour but premier de déconsidérer l'autre parent. C'est une manière irréfléchie (ou désespérée) de maintenir une communauté de destin avec l'enfant.

Peu importe si l'enfant n'est en rien abandonné. Dans la tourmente de la séparation, il faut qu'une communauté de destin soit à tout prix maintenue avec l'enfant, comme pour sauver un lambeau de famille. Et pour se sentir moins isolé.

Face à cette affirmation d'abandon, la situation de l'enfant devient singulière : alors qu'il constate que ses deux parents se montrent très actifs pour maintenir la relation avec lui, il apprend que l'un d'eux l'a abandonné ! Le paradoxe est flagrant. L'enfant va pouvoir le résoudre en s'identifiant au « parent délaissé ». Ainsi portera-t-il sur ses épaules le désarroi d'avoir été « abandonné », tout en ayant accès à deux parents demeurés constants dans leur attachement.

Un tel enfant endosse d'une certaine manière un double destin : le sien et une part de celui du parent qui souffre. S'il est très jeune, il n'en aura aucune conscience claire.

Dans une telle situation, il est fréquent de constater que le parent qui « fusionne » son destin avec celui de l'enfant s'arroge de manière exclusive la notion de « famille ». En effet, l'enfant qui est ainsi « annexé » ne saurait avoir « deux familles » (une avec son père et une avec sa mère). Il doit n'en avoir qu'une. Quant au parent « satellisé », il sera considéré non seulement comme un ex-conjoint, mais aussi comme une sorte d'*ex-parent* ne disposant que de quelques bribes de rencontre avec son « ex-enfant ».

Changer de régime ?

Est-il possible de changer de dynamique relationnelle ? Peut-on cheminer vers une situation moins paralysée ?

Pour « ouvrir » le régime et redonner à l'enfant la possibilité d'aller en toute quiétude vers chacun de ses parents, la collaboration intelligente de chacun serait nécessaire. De manière pessimiste, on pourrait considérer que la relation entre parents s'est dégradée pour des raisons précises qui ne vont pas se modifier. Il faut ajouter ceci : lorsque cette dynamique repose sur un principe de victimisation, elle engendre une distribution des rôles aussi caricaturale qu'immuable : le parent A est celui qui souffre et qui est reconnu pour son courage. Le parent B est le parent coupable ; il est accusé d'irresponsabilité. La situation se complexifie quand elle se développe « en miroir » : chacun des deux parents revendique la posture de victime et attribue à son ex-partenaire le rôle du coupable.

Même si une situation de ce genre est encline à se pérenniser, on peut imaginer que le malaise de l'enfant suscite parfois un désir d'ouverture chez l'un ou l'autre de ses parents. Comment alors le concrétiser ?

Le premier pas à franchir consiste à parler différemment de l'autre parent. Très rapidement, l'enfant percevra un ton nouveau, un autre vocabulaire, comme si son père (ou sa mère), habituellement déprécié, était en voie de « reconsidération ». (Il suffit de peu de chose, par exemple utiliser avec bienveillance l'expression « *ton papa* » ou « *ta maman* » au lieu de périphrases.)

Ce mouvement est emprunt de générosité envers l'enfant lui-même. Il est difficile à amorcer lorsque l'habitude de discréditer a été prise. Nommer dignement l'autre parent semble contre nature, comme si ce ton nouveau risquait de mettre au second plan le désarroi ressenti, la déception, la souffrance, les colères, c'est-à-dire tout ce qui justifie l'attitude de fermeture.

Le changement passe par une révolution intérieure qui vise à donner la priorité au bien-être de l'enfant plutôt qu'aux sentiments négatifs envers l'ex-conjoint.

La plupart du temps, cette évolution est rendue impossible par le fait que chacun estime qu'il appartiendrait en priorité à l'adversaire de faire le premier pas. Pour débloquer le régime, il faut savoir renoncer à attendre une évolution « chez l'autre », et parvenir à un acte désintéressé consistant à respecter l'image de l'ex-partenaire – sans plus l'évoquer avec agressivité ou exaspération. Mais encore faut-il agir dans ce sens avec sincérité.

Le véritable défi consiste à mettre au second plan les divers contentieux pour privilégier le droit de l'enfant à apprécier à la fois son père et sa mère. En dehors des tensions entre adultes. En dehors des différends financiers. En dehors des désaccords parentaux. Simplement l'enfant et son père. L'enfant et sa mère.

Cette forme de « restauration » de l'autre parent ne portera ses fruits que si elle s'effectue *sans attente de réciprocité*. Une pensée centrale devrait être à l'œuvre : même sans perspective de réciprocité, la nouvelle attitude va être bénéfique pour l'enfant.

Seule une posture non-dépréciative doublée de paroles positives peut engendrer le fameux changement. Il ne s'amorcera pas « chez l'autre ». Il dépend de soi. Sans attendre d'être « reconnu » ou félicité pour cet effort.

Et si cette mutation s'avère inconcevable, peut-être vaut-il tout de même la peine de la tenter. Certes, ces nouvelles dispositions n'auront pas le pouvoir de métamorphoser l'ex-partenaire. Mais la vie de l'enfant va s'en trouver modifiée. Ce sera une première étape. Elle sera apaisante pour l'enfant. D'autres pourront suivre, étonnantes.

CHAPITRE IV

Le pouvoir de la victime

Comme le régime fermé instaure un rapport de force, on pourrait évoquer ce qui, dans cette dynamique, octroie un certain pouvoir et permet d'être dominant. Au-delà de cette possible énumération, il existe un élément qui donne un ascendant déterminant. Il surpasse tous les autres : c'est le fait d'être considéré en tant que victime.

Être la « victime » confère un ascendant moral décisif. Les revendications, les colères, les représailles vont être légitimées par ce statut : « *Le parent aliénant affiche un masque de victime et sait se montrer le parent solide, digne de foi en même temps. Il va manipuler, de manière très subtile, parfois à son insu, les enfants pour les amener à faire bloc avec lui et modifier toutes les apparences. Pour cela, les armes sont son double statut de victime et de meilleur parent. Le parent aliénant joue sur deux tableaux et brouille les cartes pour apparaître aux yeux de ses enfants et donc à lui-même comme le seul bon parent. Le parent va réécrire un scénario où il est la victime, et où les enfants sont assimilés à des victimes aussi, ce qui contribue subtilement à dénigrer l'autre parent. Ce peut être par des propos tenus tous les jours, présentant l'autre parent sous son plus mauvais jour et responsable de tout. La répétition de ses propos suffira à convaincre l'enfant et à l'imprégner.* » (B. Goudard, *op. cit.*, p. 22.)

Le droit absolu de la victime

Cible du parent victime, le parent à dénigrer est à jamais investi du statut de bouc émissaire. Quel que soit ce qu'il subit, il ne saurait s'en plaindre. Cette répartition des rôles permet d'établir que la légitimité est du côté du parent victime, et cela quels que soient les comportements ultérieurs. Imaginons que la « victime » refuse de collaborer ou se montre intraitable : forte de son statut initial, elle demeure dans son bon droit, comme au bénéfice d'une immunité.

Le rôle de victime se consolide avec les années. Si le sentiment d'affliction de l'enfant s'établit solidement, alors s'installe un pouvoir quasi absolu.

L'enfant gardien de la mémoire

En régime fermé il n'est pas question de s'acheminer vers une rémission due au temps qui passe. Au contraire, il est impératif d'instituer une « mémoire » de ce qui fut douloureux à vivre. L'enfant lui-même est amené à jouer le rôle de sentinelle dans cette lutte pour maintenir vivants les anciens contentieux. Oublier serait faiblir. Relativiser serait déformer. Évoluer serait trahir. Ainsi l'enfant endosse-t-il le rôle de garant de la mémoire familiale.

Jouer pleinement sur la posture de victime permet d'en toucher les dividendes. C'est une rente à vie lorsque ce statut ne souffre pas d'affaiblissement. En général, il se consolide. Un malheur surgit-il ? La victime est davantage victime. Un nouvel échec amoureux ? Encore la fatalité qui s'abat sur la victime.

Victime à vie

Au gré des luttes contre moult difficultés, l'image de « seul bon parent » se confirme. Le courage de la victime devient toujours plus évident au milieu d'une adversité qui est omniprésente, à la fois maudite et « nécessaire ».

« *Ça n'arrive qu'à moi.* » « *Je n'ai vraiment pas de chance.* » Les formules de ce genre sont banales et il arrive à chacun de nous de les prononcer. Elles illustrent notre propension à nous lamenter sur notre sort. Dans le cas du régime fermé, ce n'est pas cette victimisation ordinaire qui est en jeu. Il s'agit d'un processus plus radical qui consiste à s'octroyer une fois pour toutes le rôle de victime et de bénéficier de ce positionnement.

L'impact sur l'enfant

Cette orientation d'esprit ne serait que peu dommageable sans la présence d'un enfant. Mais quand celui-ci est témoin d'un tel scénario, son sentiment d'empathie ou de pitié est sollicité. La dichotomie « bourreau-victime » conditionne son regard et suscite un renforcement des alliances.

Une telle dynamique a non seulement des implications personnelles (la victime s'exempte de sa responsabilité et l'attribue à un tiers), elle en a également sur l'enfant qui en subit l'impact.

Compréhensible dans un premier temps, la tentation « victimaire » est lourde de conséquences si elle se perpétue. Mais tel est le risque, car la « victime » prend peu à peu conscience du bénéfice induit par cette posture et envisage difficilement d'y renoncer. Cette configuration peut donc se figer. Dès lors, l'incidence sur l'enfant va devenir majeure.

Si le parent-victime vit au quotidien avec l'enfant, l'impact sur celui-ci en est augmenté. Le parent satellite, quel que soit son investissement affectif ou sa bonne volonté, voit sa position affaiblie. Désormais, et de manière durable, il apparaît comme le lointain responsable des difficultés passées et présentes. Dans ces circonstances, il devient difficile pour l'enfant de conserver avec lui une relation affective fluide. Au fil des années se confirme une sorte de distance, conséquence naturelle de la fidélité exacerbée envers le parent victime.

Une imposture

Si ce scénario est sans cesse rejoué, il établit pour le jeune enfant comme une évidence que chaque nouvel événement va confirmer. De palier en palier, on aboutit à un travestissement de la réalité qui va au-delà du simple phénomène de manipulation. Il s'agit en vérité d'une imposture. En effet, c'est la réalité dans son ensemble qui est interprétée en fonction de la scission « victime-coupable ». L'imposture adossée à une victimisation systématique est pernicieuse. Elle induit chez l'enfant de fausses évidences. Elle va peu à peu installer au cœur de son psychisme des convictions dont il ne discernera plus l'origine.

Scénarios et techniques de victimisation

La dérive initiale

La victimisation développée à grande échelle s'appuie la plupart du temps sur un élément fondateur. Un choc. Une déception majeure. Un traumatisme. Un événement érigé en coup du destin. La séparation du couple fournit abondance de souffrances susceptibles de constituer la « première pierre » de l'édifice. Le sentiment de subir un choc (*et donc d'en être la victime*) est naturel et légitime. Hélas, la tentation de pérenniser ce sentiment va surgir et permettre de renforcer le soutien obtenu de la part de l'entourage. Un cercle vicieux risque alors de s'enclencher.

La souffrance en cas de rupture est certes réelle (et elle touche habituellement les deux membres du couple). Mais la conviction particulière de souffrir *en tant que victime* va modifier la donne et induire un positionnement qui consiste à s'attribuer, *une fois pour toutes*, ce rôle de victime.

Les éléments fondateurs

De multiples circonstances permettent de fonder la position victimaire : l'infidélité, le mensonge avéré, la responsabilité de la décision de rupture, l'alcoolisme, le parasitisme, la violence conjugale, certaines injures, etc. Il est indéniable que chacun de ces éléments constitue une source de souffrance. Néanmoins, il est possible (et souhaitable pour la suite) de sortir de l'impasse victimaire.

Certes, ce qui a fait souffrir « subsiste », mais la liberté nous est donnée de ne pas définir notre vie intérieure en fonction de cet événement source de déception. Bien sûr, nous avons la conviction légitime de *subir* ce qui nous semble infligé. Néanmoins, notre liberté demeure quant à notre positionnement intime. L'événement est donné. Il est imposé. En revanche, notre attitude relève de notre propre responsabilité. Elle nous appartient.

L'enfant « partagé »

Le recours au passé pour maintenir le statut de victime apparaît comme la pierre angulaire du régime fermé.

Périodiquement, les éléments fondateurs du malheur personnel sont rappelés, parfois de manière directe, mais souvent de manière détournée. Ainsi l'enfant baigne-t-il dans un contexte dont il ne discerne pas vraiment les contours. Il perçoit simplement que maman (ou papa) souffre en tant que victime. Et qui en est responsable ? Rien moins que l'autre parent.

Pour l'enfant, la situation se complexifie dès lors qu'il éprouve à la fois de l'attachement pour le « parent coupable » et également un éventail de sentiments contraires : rancune, colère, doute, méfiance. On peut aisément imaginer que cette diversité d'affects est malaisée à vivre. Lorsque l'enfant revoit le « parent coupable », une part de lui-même exprime sa joie, mais bien vite il est partagé, car ressurgit la conscience que le parent allié est la victime incontestée de cette personne avec laquelle il est en train de partager du bon temps. Ce « brouillage » est épuisant car une énergie constante est requise pour assumer le conflit intérieur.

Il est difficile au jeune enfant de clairement distinguer le niveau conjugal du niveau parental. Même de grands adolescents tombent dans la confusion et incriminent à loisir leur père ou leur mère alors que l'engagement de ceux-ci *en tant que parent* est demeuré stable. Les enfants, *a fortiori* s'ils sont très jeunes, ont besoin d'être rassurés sur la pérennité du lien filial quand le couple se sépare. Sinon, ils sont « déchirés » entre gratitude et griefs.

La lutte au quotidien

Les familles dissociées sont affectées par le phénomène de la paupérisation. Pour faire face, nombre de parents séparés redoublent d'énergie afin de parvenir à bien accompagner leur enfant. Ainsi la vie de certaines mères (ou de certains pères) s'apparente-t-elle à une course poursuite après le temps et l'argent. Dans ce contexte, toute joie, tout succès, tout loisir prend une valeur particulière. Mais ces mêmes plaisirs changent de nature dès lors qu'ils sont affectés par l'idée de sacrifice. En effet, l'enfant perçoit très bien la différence entre un dévouement sain et non-plaintif, et une attitude « héroïque » qui consiste à s'appesantir sur la solitude, les déceptions, la malchance. La première posture est généreuse. La seconde est celle de la victime. L'une est génératrice de liberté intérieure. L'autre est synonyme de culpabilité et d'assujettissement ; elle va de pair avec un régime fermé qui, tout en se prévalant du respect de l'enfant, l'enferme dans un sentiment de dépendance et de redevance.

Le bonheur problématique de la victime

Pour un parent attaché à sa position de victime (et qui souhaite la maintenir aux yeux de l'enfant), certaines joies sont envisageables, d'autres semblent à éviter. Au rang des plaisirs possibles se situent les acquisitions matérielles, les amitiés et tout ce qui peut apparaître légitime (ou dérisoire) pour contrebalancer la peine. Vivre de bons moments ne compromet pas, aux yeux de l'enfant allié, le statut de parent-victime car une certaine empathie peut être suscitée même au sein d'une existence très pourvue en plaisirs.

Néanmoins, il existe un bonheur à haut risque qui pourrait torpiller le statut de victime. C'est la rencontre amoureuse. En effet, comment ce père éternellement malheureux ou cette mère toujours en peine pourraient-ils continuer à revendiquer le statut de victime alors que l'amour est de retour dans leur vie ? Cet événement bouleverse la situation : une nouvelle relation amoureuse, c'est forcément l'espoir d'une existence différente et la perspective de s'éloigner d'un passé douloureux.

Pour l'enfant qui en est le témoin, la nouvelle réalité amoureuse de son père ou de sa mère est à plusieurs facettes. Un certain soulagement est ressenti à la vue du parent qui quitte un tant soit peu l'univers de la solitude. Conjointement, ce n'est pas sans trouble que l'enfant voit surgir un nouveau pôle affectif. Aussi peut-il redouter cette apparition tout en l'appréciant. Cette ambivalence explique certaines de ses attitudes contrastées. Elles sont parfois difficiles à saisir pour le parent confronté tantôt au contentement tantôt à la réticence de l'enfant.

Quand surgiront les premières difficultés relationnelles à l'intérieur du nouveau couple, le parent nouvellement amoureux aura tendance à revenir sentimentalement vers l'enfant avec une intensité accrue. Il risque alors de constater que son statut de victime est vacillant. Désormais, c'est l'enfant fidélisé qui, se sentant « trahi », se positionne de manière implicite en victime. D'une certaine manière, le parent amoureux devient « coupable » d'une infidélité, voire d'une trahison envers l'enfant. Dans bien des cas, ce retournement de situation est insupportable pour le parent « infidèle » à l'enfant. Avec une soudaineté qui déconcerte, il peut être amené à renoncer à la relation amoureuse qui risque de le priver à la fois du statut de victime et de l'alliance exclusive avec l'enfant.

Après plusieurs expériences amoureuses de ce genre peut s'imposer l'impression de se trouver devant un choix. Celui-ci est difficile à négocier. Une des options consiste à mener une vie amoureuse quasi « clandestine », c'est-à-dire soustraite au regard de l'enfant fidélisé. Mais cette solution est pénible, risquée et intenable à long terme. Elle fait hésiter.

Une autre possibilité apparaît : ne pas renoncer à une vie amoureuse mais la vivre (et la présenter) essentiellement comme un pensum dont on est, une fois encore, la victime.

Enfin, il existe une tentation extrême. Elle a les allures du défi : elle consiste à mettre en scène (et à dramatiser) la décision de renoncer à une vie amoureuse.

Le sacrifice amoureux

Annoncer que l'on va se priver de toute vie de couple pour mieux se consacrer à son rôle de parent est une des attitudes les plus percutantes du parent victime. L'enfant en sera très impressionné.

Renoncer à une vie amoureuse ? Pourquoi pas. C'est la liberté de tout adulte. Mais présenter cette résolution comme un sacrifice au profit de l'enfant est lourd de sens. L'enfant n'est pas en mesure de déceler les incohérences de cet « acte héroïque ». Il est censé le considérer comme un cadeau, une preuve d'amour. Toutefois, le malaise s'insinue, car il perçoit plus ou moins confusément qu'amour parental et vie amoureuse ne se situent pas sur le même registre. Tout en accueillant ce « cadeau », l'enfant est autant floué que rassuré. Il est ému par un tel engagement, mais il capte que le renoncement de son parent à toute vie amoureuse le situe, lui, au centre de sa vie sentimentale – alors qu'il trouverait mieux sa place à la périphérie de la vie affective de son père ou de sa mère.

Réitérée, l'affirmation du « sacrifice amoureux » pèse sur le destin de l'enfant. Elle consolide les liens d'interdépendance. À nouveau, vie parentale et vie amoureuse sont confondues et valent l'une pour l'autre dans un système de vases communicants. La conséquence en est un nouveau type de cellule familiale à l'abri de tout partenaire amoureux. C'est une étape marquante dans le processus d'hyperfidélisation.

Ce choix survient en général après quelques tentatives infructueuses de relation amoureuse. L'annonce du « sacrifice » est une manière de se prémunir contre tout projet ou velléité de vie en couple. D'une certaine façon, il s'agit de clore le cycle des rencontres qui se sont mal terminées. Accessoirement, la responsabilité indirecte de l'ex-conjoint « coupable » s'en trouve alourdie. Désormais, et une fois pour toutes, il est considéré comme celui (ou celle) par qui le malheur d'une solitude sans fin est survenu. Sa culpabilité s'amplifie rétrospectivement.

Lorsque le statut de victime est au cœur de l'organisation relationnelle, le renoncement à la vie amoureuse marque une étape symboliquement importante. L'enfant accueille avec admiration ce « sacrifice » presque ritualisé. Or ce « don » présenté comme preuve d'amour est frelaté. L'enfant n'est pas en mesure d'affirmer que le vrai cadeau serait pour lui de voir sa mère (ou son père) heureuse de partager sa vie avec un partenaire.

Au-delà de ce renoncement déconcertant, les difficultés surgiront tôt ou tard, par exemple en cas de nouvelle rencontre amoureuse : désormais il sera problématique de présenter le partenaire à l'enfant, de crainte de passer pour un allié sans parole. Le merveilleux « sacrifice » serait terni, tout comme la posture de victime.

Il peut arriver que le parent-victime décide de vivre en pleine lumière une nouvelle relation amoureuse en faisant fi de ses « engagements sacrificiels » difficiles à tenir. Cette volte-face ne va pas sans difficulté. En effet, l'enfant peine à admettre une alliance avec un tiers. Il vit mal cette intrusion. Il suffit que le nouveau partenaire prononce quelques paroles peu appréciées, notamment envers l'enfant, pour qu'il soit considéré comme un véritable « corps étranger », et donc une menace. La mise à l'écart s'imposera, nouvelle étape qui renforce un système appelé à se refermer sur lui-même.

CHAPITRE V

Affrontement parental

Le régime fermé donne lieu à une lutte à distance entre ex-conjoints. Dans de nombreux cas va se développer ce qui pourrait se définir comme une « maltraitance » à travers la déconsidération, le harcèlement financier, la mise à l'écart et même l'exclusion.

Fausses accusations

Pour illustrer jusqu'où peut mener cet affrontement, il faut aborder le cas extrême des dénonciations mensongères pour attouchements ou abus commis sur la personne de l'enfant. Ces accusations peuvent avoir pour conséquence de criminaliser et d'évincer l'un des parents.

– **La volonté de nuire**. Il est rare que la lutte entre ex-conjoints conduise au meurtre. L'attaque suprême semble être la dénonciation fallacieuse. Cette pratique représente une sorte d'assassinat symbolique : le parent soupçonné est diffamé, privé de ses enfants, arrêté, parfois emprisonné. Des années de procédure peuvent être nécessaires pour que son innocence soit éventuellement reconnue, années durant lesquelles la relation à l'enfant sera à jamais bouleversée. Quant au risque encouru par le parent calomniateur, il est moindre que pour un crime de sang.

– **Le désir de « protéger » l'enfant**. Les fausses accusations déconcertent. Elles laissent pantois et sont difficiles à réfuter. Elles apparaissent d'autant plus incompréhensibles qu'elles infligent une souffrance à l'enfant. À première vue, elles semblent relever de la machination. En réalité, le processus qui amène une personne à formuler ce type d'accusation est souvent plus complexe à cerner. Certes, il existe des cas où une stratégie machiavélique (et donc consciente) est mise en œuvre pour détruire le parent rival et demeurer le seul parent fiable. Mais il arrive fréquemment que le parent accusateur ne pense pas agir par malveillance.

C'est souvent au moment où éclate la cellule familiale que certains hommes ou certaines femmes se sentent menacés de « perdre l'enfant ». Leurs réactions deviennent en partie irrationnelles. La déception ou l'animosité ressentie envers le « conjoint défaillant » les aveugle. Dans ce contexte extrêmement particulier s'échafaude dans leur esprit non pas un complot, mais une vision transformée de l'ex-conjoint qui donne libre cours à un univers de suppositions, de peurs et d'accusations. En quelque sorte, le parent accusateur ne va pas chercher à se forger une conviction, il va se forger un doute. Et ce doute se montrera assez puissant pour transformer les images antérieures concernant la personnalité de l'ex-conjoint. Dès lors, les hypothèses les plus échevelées seront échafaudées comme s'il fallait faire feu de tout bois pour étayer le fameux doute. Le parent accusateur ne se positionne pas en parent malveillant, mais en parent protecteur de l'enfant. Et il se donne la mission d'être assez vigilant pour repérer dans le comportement de l'enfant ce qui pourrait confirmer qu'il est en danger lorsqu'il se trouve avec le parent suspecté.

Citons pour être plus explicite le cas d'un couple parent d'un fils et d'une fille. Jusqu'au moment du divorce, c'est-à-dire durant dix ans, le père est considéré comme adéquat, chaleureux et actif envers ses enfants, cela à la grande joie de sa compagne. Celle-ci, quelques semaines après la décision de séparation, ne peut se faire à l'idée qu'une part de la vie de ses enfants va lui échapper. C'est comme si, à ses yeux, un péril les menaçait. Dans ce contexte d'appréhension, elle observe leur comportement avec une acuité inaccoutumée ; elle se penche sur leurs dessins et aperçoit chez la cadette de nombreux personnages représentés sans mains. À partir de ce constat, les premiers soupçons prennent corps. Cette absence de main est interprétée comme le signe d'une phobie. Et cette phobie est envisagée comme la conséquence d'attouchements dont le père serait l'auteur. Par la suite, d'autres « indices » permettent d'étayer les soupçons. Ainsi se voit confirmée l'hypothèse initiale : le père représente un danger.

Non-désamorcée, une telle construction donne lieu à un enchaînement très dommageable. La mise en accusation s'amorce. Les enfants, désorientés, sont soumis à des questions. Les réponses de la cadette sont considérées comme évasives ou hésitantes. Leur mère y voit la confirmation que ses soupçons sont fondés et que sa vigilance va peut-être « sauver » ses enfants. Les services sociaux sont alertés. Une enquête est diligentée. Les enfants commencent à manifester certains signes de souffrance (non pas du fait de la séparation de leurs parents, mais en fonction du climat de suspicion dont ils n'ont pas les moyens de s'extirper).

Le père est tenu éloigné de ses enfants pendant plusieurs mois. C'est le début d'une inexorable dégradation. Alors qu'une rencontre est organisée par les services sociaux, le père la refuse, estimant qu'il serait indigne de voir ses enfants « sous surveillance », ce qui confirmerait implicitement le danger qu'il représente. La séparation père-enfants dure dix mois. Puis, au fil des années, grâce notamment au témoignage des enfants, la fausseté des accusations est avérée. Néanmoins, la cadette ne retrouve pas une relation fluide avec son père. Même plus âgée, elle ne parvient pas à de se libérer du climat de défiance entourant la personnalité de son père. À l'âge de dix-huit ans, elle prend la décision de ne plus le revoir.

Cet exemple illustre comment, à partir de très peu d'éléments et sans intention de nuire, s'ébauche un processus accusatoire aux conséquences lourdes.

On peut se réjouir de la vigilance des services sociaux et judiciaires qui se mobilisent afin de prendre en compte les accusations qui leur sont rapportées. Cependant, afin de mieux identifier les allégations mensongères, il serait bon de noter qu'elles présentent souvent les mêmes caractéristiques :

- **Synchronie séparation-accusation :** la dénonciation survient peu après la séparation du couple. Cette coïncidence est particulièrement frappante. Elle alerte en principe les professionnels sollicités. En effet, il est troublant de constater que, durant la vie commune du couple, aucune accusation de ce genre n'a jamais été portée. Et soudain, au moment de la séparation (ou peu après), une dénonciation surgit. Cette concomitance devrait amener à se questionner autant sur la personnalité de l'accusé que sur celle de l'accusateur.
- **Situation fragilisée de l'accusateur :** la dénonciation émane d'un parent insécurisé et marqué notamment par la crainte de « perdre » l'enfant.
- **Prédominance des soupçons :** les éléments concrets sont assez peu explicites et confirmés que partiellement par l'enfant.
- **Attractivité de l'accusé :** avant la séparation du couple, le parent soupçonné partageait une très

bonne relation avec l'enfant. Après séparation, cette attractivité représente un « danger » pour le parent accusateur. Les pères ou les mères qui, durant des années, ont tissé des liens de valeur avec leur enfant sont stupéfaits d'être la cible d'accusations. Du fait de leur « attractivité », ils sont davantage menacés par un scénario de ce genre.

Il est rassurant de savoir que les professionnels de l'enfance prennent maintenant en considération la parole de l'enfant. Grâce à cette écoute, certaines situations de maltraitance sont repérées et traitées, ce qui n'était souvent pas le cas jadis. Mais cette vigilance peut être facteur de dégâts, notamment lorsqu'un parent (insécurisé ou malveillant) alerte les services sociaux ou la justice de manière spécieuse.

Dès lors, un enfant est menacé par deux dangers :

- être victime d'abus non-révélés qui, année après année, saccagent sa vie ;
- être entraîné dans une dynamique d'accusation fallacieuse qui risque d'écarter l'un de ses parents.

Afin de sauvegarder l'enfant, les services sociaux et juridiques sont toujours plus attentifs à l'existence de ce double péril. En effet, il est aussi important de détecter les cas d'abus que de déceler les accusations trompeuses.

– **L'enfant démuni face aux accusations.** Nous avons tendance à considérer ce type de situations à partir de nos compétences d'adultes. C'est pourquoi nous sous-estimons le trouble vécu par un enfant confronté à des propos qui sont très étranges pour lui. Face à des accusations bizarres ou embarrassantes, l'enfant parvient mal à établir où se situe la vérité et quelle est la vraie nature des soupçons.

Ne connaître que partiellement la puissance de la relation d'emprise amène à mal comprendre à quel point l'enfant manque de moyens pour s'opposer aux dires du parent accusateur.

La plupart du temps, le parent agissant dispose de suffisamment d'ascendant sur son enfant pour que celui-ci ne puisse le désavouer. Ce cas de figure en dit long sur l'omnipotence de la relation d'hyperfidélité : sans conscience d'être utilisé et avec la conviction de son libre discernement, l'enfant suit le chemin tracé et peine à contester les fausses allégations.

Cette situation extrême illustre les possibles ravages des relations d'emprise. Les instances officielles tentent de les identifier, mais leur tâche est ardue puisque les enfants ne s'en plaignent pas. Au contraire, ils vont défendre farouchement le parent qui exerce sur eux un ascendant.

Juges, médecins ou psychothérapeutes sont censés intervenir en tant que « tiers salvateurs », mais il est délicat de repérer une dynamique dont l'enfant est devenu l'otage consentant.

PARENT DÉNIGRÉ, ENFANT MALTRAITÉ

Le parent qui peut compter sur le soutien sans faille de son enfant a façonné (plus ou moins consciemment) une relation d'emprise. À la périphérie de cette alliance indéfectible gravite un parent qui, d'étape en étape, voit son rôle s'amenuiser. Pour ne pas mettre son enfant dans une situation impossible (à savoir être déchiré entre deux loyautés), il apprend à ne pas envenimer la situation par de vaines revendications ou d'inutiles batailles juridiques. Car le « combat » contre le parent qui a annexé l'enfant est inégal (et risqué pour l'enfant lui-même).

Conçu à la faveur d'un acte d'amour (et la plupart du temps à l'enseigne d'un projet commun), l'enfant devient source de déchirements. Il se trouve au centre de confrontations virulentes.

Quand « meurt » la personne du parent évincé, c'est une part de l'enfant qui périt. L'affrontement parental se livre à une double agression : envers le parent de l'enfant et envers l'enfant lui-même.

LE « RAPT PSYCHOLOGIQUE »

L'affrontement parental a des conséquences qui peuvent s'étendre sur une longue période. Le parent cible voit son image de père ou de mère se dégrader. Plus tard, ce seront les actes et les paroles de son enfant (devenu grand) qui prendront le relais pour déprécier.

Psychothérapeutes et juges savent maintenant qu'un père ou une mère a le pouvoir d'annihiler l'autre parent, et cela sans que l'enfant ne soit en mesure d'élever la moindre protestation. Captifs de ce scénario dès leur plus jeune âge (ou mobilisés à l'époque de leur adolescence, et parfois à l'âge adulte), les enfants d'un parent aliénant peinent à se rebeller contre la dévalorisation progressive de l'un de leurs parents. Il est pathétique de les voir se rallier aux propos qu'ils entendent. En même temps qu'ils assistent à ce « meurtre », ils l'approuvent avec la conviction qu'il est justifié. Peu à peu, ils prennent de la distance avec le parent blâmé et deviennent en quelque sorte des « orphelins volontaires ».

Le parent cible ignore le plus souvent comment, dans le détail, se développe la médisance à son égard. Il en connaît davantage les effets que les modalités. Cette méconnaissance de ce qu'a capté l'enfant ajoute à son désarroi. Grâce aux confidences de tiers, il prend parfois conscience des expressions et des termes qui sont couramment utilisés à son sujet.

En dépit des efforts pour maintenir un lien de valeur avec l'enfant, le parent dénigré rencontre des difficultés grandissantes. Il voudrait « bâtir » mais il construit sur du sable car la « partie adverse » a tout loisir de déstabiliser l'image paternelle ou maternelle que l'enfant porte en lui.

Ce travail de sape s'apparente à une forme de « rapt psychologique ». L'enfant peut certes maintenir le contact avec le parent cible, mais en réalité il demeure captif. Aussi n'est-il pas exagéré de dire que celui qui pervertit l'image de l'autre parent agit à la manière d'un « ravisseur » de l'enfant.

« Mort » du parent cible

Porté à son paroxysme, ce processus peut aboutir à une cessation des rencontres avec le parent cible. Celui-ci sera d'autant plus décontenancé que l'enfant en deviendra lui-même l'acteur.

Commence alors pour le parent écarté une épreuve difficile : il ne voit pas son enfant, il n'en a plus de nouvelles. Il demeure sans véritable recours puisque toute instance officielle lui opposera qu'il s'agit avant tout de considérer le vœu exprimé par l'enfant.

De son côté, le « parent favori » se gardera d'agir pour la reprise des contacts et se présentera comme celui qui respecte un souhait librement formulé. On est là à nouveau au cœur de l'imposture qui se referme sur l'enfant : le régime fermé aboutit à une situation de rupture mais le parent fidélisé se dégage de toute responsabilité. Qui plus est, il va pouvoir tirer parti de cette situation. En effet, sa position de « parent unique » va permettre de donner une envergure nouvelle au statut de victime

(« *Je suis seul à bord. Toutes les responsabilités m'incombent.* ») et d'amener à son paroxysme l'image de seul parent fiable.

Poussé à l'extrême, le régime fermé aboutit à cette issue-là. En fin de compte, un unique et dernier apport est requis de la part de l'évincé : sa contribution financière. Être réduit à cette utilité est dégradant. Fini les rencontres avec l'enfant, fini les moments précieux qui permettaient de tisser un lien. L'enfant vit désormais ailleurs, prisonnier consentant d'un système hermétique.

Lorsqu'un délinquant kidnappe un enfant, chacun s'en indigne. Lorsqu'un père ou une mère commet un « rapt psychologique » sur la personne de son propre enfant, personne ne s'enflamme. C'est un crime domestique difficile à dénoncer et qui demeure impuni (comme l'étaient jadis les violences physiques infligées aux enfants par leurs parents).

Forte de sa mainmise sur l'enfant, la personne instigatrice de cet « enlèvement » a peu à redouter. Elle se situe à l'abri des reproches et peut se positionner en victime d'un ex-conjoint devenu absent et considéré comme irresponsable.

La « disparition » de l'enfant

Pour le parent évincé subsistent le souvenir de l'enfant aimé, les photos qu'on hésite à trop regarder. Et parfois le lien symbolique de l'argent à verser.

Cette souffrance frappe des milliers de parents et demeure mal connue ou banalisée. Les mois passent. Peut-être les années. Alors qu'il faut lutter contre le désarroi, une tentation se fait jour : prendre émotionnellement quelque distance avec « l'enfant perdu ». Mais aussitôt un appel venu du fond de l'âme se fait entendre : au cœur de l'absence, le lien est puissant.

Même malmené, il demeure. Mis en péril, il se consolide. Il faut donc apprendre à vivre au jour le jour avec cet enfant que l'on ne voit plus. Accepter son absence. Élaborer une sorte de deuil pour enfant vivant.

Comment agir alors qu'approche son anniversaire ? Que penser lorsqu'une lettre reste sans réponse ? Que dire lorsqu'un ami vous en parle ? Et comment ne pas vaciller lorsque vous en recevez de manière impromptue quelques nouvelles au hasard d'une conversation avec une simple connaissance ?

Si, dans ce contexte de rupture, une rencontre avec l'enfant peut être mise sur pied, elle sera immanquablement délicate. L'enfant puissamment lié au « parent ravisseur » n'est pas en mesure de vivre une telle rencontre en toute liberté. L'expression des sentiments est perturbée. L'enfant se méfie des manifestations affectueuses. Se retrouver subitement proches constitue pour lui (sans qu'il le conscientise clairement) un risque de trahison vis-à-vis du parent allié. C'est pourquoi il préfère que la rencontre soit limitée dans le temps et rarement renouvelée.

Cette situation extrême est l'aboutissement d'un processus double : captation de l'enfant en régime fermé et « meurtre » progressif de l'autre parent.

Comme on l'a dit, les adultes qui sont l'objet d'aliénation parentale chronique sont souvent des pères ou des mères affectivement très engagés envers leur enfant. Ainsi, lorsqu'au stade ultime les liens avec l'enfant sont rompus, ces personnes souffrent-elles à la mesure de leur attachement initial.

Ces parents meurtris perçoivent souvent que se battre pour faire valoir leurs droits serait infructueux et générateur de trop de tension pour leur enfant. Ils optent non pour le renoncement, mais pour une certaine confiance en la lucidité future de l'enfant qu'ils aiment, sans imaginer à quel point celui-ci demeurera captif des vérités assimilées au cours de sa vie.

Ce n'est que tardivement que peut survenir une prise de conscience quant aux conditionnements subis. C'est une mue extrêmement douloureuse vu l'entière confiance qui avait été placée en la personne du parent allié. Lorsque les premiers doutes s'insinuent, les fondements mêmes de l'organisation psychique sont fragilisés. L'ex-enfant, devenu adulte, est tourmenté par le sentiment d'avoir été doublement « trahi » : une première fois par le parent écarté – ainsi qu'on le lui a abondamment dit. Et ensuite par le parent ravisseur qui a travesti l'image du parent évincé.

CHAPITRE VI

Perspectives pour l'enfant imprégné

En tant que personnes adultes, nous avons appris à trier le flux des stimulations provenant de notre environnement en fonction de notre personnalité et nous sommes en mesure de sélectionner ce qui nous semble de valeur.

Lorsque nous imaginons comment un jeune enfant est imprégné par la pensée parentale, nous avons comme référence ce point de vue d'adulte. Nous y échappons difficilement et cela explique que nous ne saisissons que partiellement ce que vit un enfant. Ainsi l'impact de la pensée parentale est-il souvent mal évalué. Lorsqu'il en est question, on parle habituellement d'influence. Or le phénomène dit « d'influence » peut d'ordinaire s'équilibrer dans notre monde d'adultes dans la mesure où deux esprits mûrs peuvent s'infléchir mutuellement.

Le phénomène de l'imprégnation, lui, n'a rien à voir avec la joute dialectique qui permet de faire valoir sa vision des choses. Comme métaphore de l'imprégnation, nous pourrions évoquer l'apprentissage d'une langue : tout enfant, quelle que soit sa culture, va parler le langage entendu durant les premières années de son existence. Si ses proches commettent une faute de syntaxe, on la retrouvera dans son langage. Si un accent a été capté, il sera fidèlement reproduit. Et cela, sans que l'enfant ait conscience de sa parfaite « conformité » envers ce qu'il a entendu.

Le phénomène de l'imprégnation se développe à la manière de l'apprentissage d'une langue. Les messages verbaux et non-verbaux agissent en permanence sur l'enfant qui développe une forme d'hypersensibilité aux affects d'autrui. Son psychisme vit en connexion avec celui de ses parents sans que cette subordination à la pensée parentale n'apparaisse pour ce qu'elle est. Car l'imprégnation agit avec une telle constance qu'il est difficile d'isoler ce phénomène pour en discerner l'impact.

Un exemple illustre comment l'imprégnation sévit de manière occulte parce que continue : si l'enfant est confronté au fait que ses opinions, ses refus ou ses convictions sont en tous points semblables à ceux de sa mère ou de son père fidélisé, il n'admettra jamais une quelconque « influence ». Et d'une certaine manière, il aura raison. En effet, il n'est pas le sujet d'une influence à proprement parler, mais d'une profonde « imprégnation », laquelle n'apparaît pas à ses yeux. Vouloir lui démontrer qu'il a subi une forme d'endoctrinement est inapproprié. Il faut s'attendre à une réplique virulente. En effet, l'enfant se sentira comme « dépossédé » de ses propres pensées et peu respecté pour ce qu'il est.

Rien de pire pour un enfant hyperfidélisé que d'être mis en face de la similitude d'opinion existant entre sa mère (ou son père) et lui-même. En effet, chacune de ses réflexions, chacune de ses sensations est profondément vécue comme faisant partie de son être intime. Dès lors, il est intolérable d'être considéré comme un « appendice » de la pensée parentale, car les options tranchées qui sont les siennes lui appartiennent autant que ses jambes ou ses bras. Vouloir relativiser ce corpus de pensées pour s'attaquer au lien d'hyperfidélité est vain. L'échec est assuré. La réplique de l'enfant sera cinglante. Il se sentira violenté, soupçonné d'être sous la tutelle d'une pensée qui n'est pas sienne.

Lorsque l'imprégnation due au parent aliénant a agi en profondeur dans le mental de l'enfant, le parent dénigré se retrouve dans une position pour le moins difficile. Il est confronté à la pensée de son ex-conjoint, mais ce point de vue est désormais relayé par l'enfant sans qu'il soit possible de mettre en lumière le processus d'imprégnation. Inutile d'évoquer une quelconque influence : ce serait malvenu. Inutile de parler d'imprégnation : ce serait blessant. Inutile de dénoncer une forme de manipulation : ce serait insultant.

Avec la pleine conscience de ce qu'est l'imprégnation, il faut considérer que l'enfant qui est en face de nous n'est pas l'émissaire des convictions de son père ou de sa mère. Il est désormais habité par certaines pensées constitutives de sa propre personnalité.

Il est périlleux de vouloir « dénoncer » le rôle joué par le parent fidélisé. Celui-ci déniera (et souvent à juste titre) toute intention d'inféoder l'enfant. Et puisque l'imprégnation agit par osmose, toute responsabilité dans ce processus se voit réfutée.

Avec sincérité, le parent fidélisé se sent donc injustement mis en cause. Il considère que l'enfant a librement adopté sa manière de voir. Certes, une certaine « conformité de pensée » est incontestable. Mais elle est attribuée simplement au fait que l'enfant « voit juste » et opère les bons choix. Et pour ultime preuve qu'il n'y a pas eu imprégnation (et encore moins influence), le parent fidélisé invoquera que surgissent parfois des divergences de vue et des querelles avec l'enfant. En réalité, il faut savoir que cet espace de conflictualité survit même dans les relations les plus interdépendantes et qu'il fonctionne comme une soupape indispensable.

Accompagner l'enfant fidélisé

Être confronté à un enfant entièrement acquis à son parent allié est une expérience délicate. Il faut accepter de l'accompagner sans tenter de lutter contre le monde qui est devenu le sien. Il est important de maintenir le contact sans céder à la tentation de commenter la situation – et encore moins de la fustiger. Pour demeurer fidèle à cette abnégation, sans doute faut-il ne jamais perdre de vue la puissance de l'imprégnation. Et si celle-ci a été renforcée par des pratiques relevant de la manipulation délibérée, alors la marge de manœuvre du parent satellisé se révélera quasi inexistante.

La principale opportunité d'évolution pour l'enfant réside dans une lente reconquête, probablement lorsqu'il sera devenu adulte, de son jardin secret et de son originalité propre, comme si tout un territoire était resté en friche parce que non-conforme au système qui régnait en maître. S'amorce alors une sorte de réveil de son âme première pour se laisser « imprégner » par une voix plus intime. Conquête lente et précieuse. Deuxième naissance. Comme la découverte d'une authenticité longtemps silencieuse.

CHAPITRE VII

Les risques de la pseudo-neutralité

Nombre d'adultes pensent agir de manière irréprochable pour la simple raison qu'ils ne mettent pas de barrières matérielles à la relation de leur enfant avec l'autre parent. Ils s'estiment quittes. Pourtant, leur attitude pèche par insuffisance, car ils se montrent avares en paroles qui exprimeraient la satisfaction de savoir l'enfant en relation avec l'autre parent. Au lieu de cela, ils demeurent en grande partie fermés, voire indifférents à cette relation, se gardant bien d'accueillir chaleureusement ce besoin propre à l'enfant.

Les parents qui maintiennent cette froideur en sous-estiment l'impact. Ils croient agir avec une louable « neutralité » et sont persuadés de laisser leur enfant libre de ses choix. En réalité cette absence de paroles positives à propos de la relation avec l'autre parent est décisive. Car ce « non-engagement » a un impact : l'enfant porteur du désir de relation avec chacun de ses deux parents se sent isolé. Il ne bénéficie pas des paroles minimales qui lui offriraient un « bon de sortie émotionnel » permettant de quitter aisément un univers pour en découvrir un autre.

L'adulte fidèle à cette froideur se persuade qu'il agit à bon escient mais sa soi-disant neutralité n'est pas sans conséquences. L'enfant doit passer d'un parent à l'autre sans les paroles positives émanant du parent qu'il quitte pour un temps. Sans une approbation clairement exprimée. Sans un accompagnement chaleureux, voire (encore mieux) une sincère réjouissance.

Cette « neutralité » pratiquée pendant des années crée un malaise grandissant pour l'enfant. Privé du fameux « bon de sortie », il minimise ce qu'il vit ou se résout à très peu en parler. Cette apparente tiédeur s'accompagne souvent de somatisations révélatrices d'un conflit interne. Il faut parfois qu'un pédopsychiatre (ou un médecin généraliste) soit consulté pour que l'enfant reçoive enfin le précieux « bon de sortie émotionnel ».

> Citons l'exemple de ce médecin pédiatre qui, constatant chez un jeune patient certains symptômes régulièrement en synchronie avec la suspension des rencontres père-enfant, va prescrire, via une « ordonnance symbolique », une rencontre hebdomadaire avec le père. Le procédé peut étonner. En l'occurrence, cette ordonnance aura valeur de « bon de sortie émotionnel » pour cet enfant soudain « allégé » grâce à l'intervention d'une personne de référence assumant la responsabilité de « l'autorisation symbolique manquante ».

En bref, l'enfant a besoin d'un parent qui se montre « garant » et agit en faveur de ses droits, et pas d'un parent démissionnaire qui se dédouane derrière une fallacieuse « neutralité ».

Un parent responsable s'engage avec ferveur pour le maintien des relations avec l'autre parent. Certes, il ne va pas les imposer. Néanmoins, par la valorisation dont il est capable et par l'expression de sa réjouissance, il va offrir de bonnes chances à l'exercice de ce droit.

Le non-engagement sous couvert de neutralité est proche de l'escroquerie. L'enfant se retrouve seul avec son besoin légitime d'être en contact avec son père et sa mère. De manière frappante, c'est parfois un trouble physique quelconque qui va permettre à ce besoin de se « signaler » lorsque l'enfant souffre en silence (et sans le savoir) d'un manque d'engagement clair en faveur du maintien de sa relation avec l'autre parent.

Insistons sur le fait que les parents qui se veulent « neutres » vivent la conscience tranquille : « *Mon enfant est libre.* » « *Il choisit lui-même. Je respecte ce qu'il décide.* » En vérité, l'enfant risque de se montrer peu empressé envers l'autre parent s'il est privé de « l'autorisation émotionelle » qui transformerait sa vie.

À terme, cette situation a pour conséquence l'amenuisement de la relation avec le parent satellite, cela en particulier à l'âge de l'adolescence. Sous couvert de non-interventionnisme, un laisser-aller s'installe. Plus personne ne soutient la relation à l'autre parent.

Refuser d'assumer cette responsabilité essentielle, ce n'est pas offrir une liberté à l'enfant mais lui infliger un lâchage symbolique, comme si on lui disait : « *Désormais, c'est sur toi et toi seul que repose la continuité du lien à ton autre parent. Moi, je ne m'en occupe pas.* »

Pour nombre de parents, le non-interventionnisme s'appuie sur la croyance que l'enfant demeure en toutes circonstances libre de ses décisions et qu'il ne faut surtout pas prendre le risque d'influer sur lui. En réalité, ce serait pour l'enfant source d'allègement de constater que sa mère ou son père soutient par des mots clairs sa relation à l'autre parent.

CHAPITRE VIII

« Parent principal » et « parent secondaire »

Pour l'homme et la femme qui forment un couple, le moment de la séparation, on l'a dit, est lourd de déceptions et d'inconnues. Le narcissisme – si flatté au début de la relation amoureuse – est blessé. Simultanément, la relation à l'enfant peut se voir investie avec une intensité nouvelle. C'est dans ces circonstances que père et mère vont affronter une souffrance double : elle est à la fois d'ordre amoureux (le couple séparé) et d'ordre parental (la famille disloquée).

Avant d'aborder les perspectives nouvelles qu'offre le phénomène en croissance de la résidence alternée, nous allons évoquer rapidement les vicissitudes – et les défis – relatifs au statut de « parent hébergeant » et de « parent non-hébergeant ». En effet, sans être la cause directe de la relation d'emprise ou des ruptures de lien, le système légal qui est actuellement le plus en vigueur en est le terreau dans la mesure où il crée une profonde disparité de statut entre les deux parents.

Être « parent secondaire »

La personne qui devient un parent non-hébergeant est confrontée à l'absence prolongée de l'enfant. De multiples sentiments peuvent dès lors apparaître. Il arrive que l'adulte se sente déchu du statut de « parent permanent » propre au cadre familial initial et qu'il lui soit difficile d'admettre une forte diminution des échanges avec l'enfant. En raison d'une certaine fierté blessée, il est parfois tenté de désinvestir la relation. Lorsqu'il retrouve son enfant, cet adulte-là peut souffrir de se sentir privé de l'environnement familial qui permettait auparavant d'exister aisément en tant que parent. Soudain, son rôle et ses tâches sont bouleversés.

L'enfant « perdu »

L'institution du « droit de visite » établit que le parent non-hébergeant rencontre son enfant selon un calendrier et un horaire déterminés. Il ne s'agit pas de fustiger un système créé afin d'offrir à l'enfant une possibilité de relation avec chacun des deux parents. Mais il s'agit d'en considérer les effets concrets.

Il existe nombre de cas où, durant la période qui fait suite à la séparation, le parent non-hébergeant n'a plus la possibilité de rencontrer librement l'enfant. Il en est coupé. Cette expérience est marquante. Dans certaines situations conflictuelles, il n'existe plus aucun contact. Les nouvelles sont rares, voire inexistantes. Certaines informations proviennent de la part de tiers ou de membres de la famille qui, eux, sont en relation avec l'enfant.

Cette situation inédite met fortement à l'épreuve la fonction parentale basique qui implique le désir de *prendre soin* de l'enfant, de se soucier de lui, de l'accompagner. Brusquement, cet élan bute contre une impossibilité : l'enfant est absent, il demeure inaccessible. De multiples personnes sont en mesure de lui parler (familiers, amis, personnel scolaire...), mais pas le parent non-hébergeant.

Dans certaines circonstances – notamment celles d'une hyperloyauté naissante envers le parent hébergeant –, il peut arriver que l'absence de contact se prolonge durant des semaines, voire des mois. À certains égards (et toutes proportions gardées) ce vide n'est pas sans parenté avec une situation de disparition. Le parent évincé (la mère ou le père) ignore ce que vit son enfant. Il espère une rencontre, mais sans savoir quand elle aura lieu. Si elle est fixée, celle-ci n'est pas pour autant acquise, car un empêchement – une simple maladie – pourra l'annuler.

Dans certains cas extrêmes, il arrive que le parent qui réside avec l'enfant prenne l'initiative d'un départ en vacances (ou d'un déménagement) sans en informer l'autre parent. Le désarroi de ce dernier est alors à son comble. Confronté à cette prise de pouvoir, il se voit désemparé. Le recours à un tiers (par exemple le juge) est malaisé, lent et peu prometteur. Le sentiment d'impuissance culmine. Le désir fondamental qui consiste à vouloir s'occuper de son enfant est violemment mis à mal. L'estime de soi en tant que parent vacille.

Au fil des millénaires, ce *souci parental* a permis aux générations d'être protégées et accompagnées. Cet impératif qui éclot avec la naissance de l'enfant se trouve ici gravement mis à mal. Pour poursuivre sa vie de parent, il faut s'en relever et rester fidèle au « feu sacré » qui vibre en soi.

Le risque d'une paternité amenuisée

Les mères ou les pères qui deviennent parents non-hébergeant sont confrontés à des défis impliquant prises de conscience et nouveaux apprentissages. Certains d'entre eux – en grande majorité des pères – rejettent intérieurement la nouvelle donne car ils sont désemparés par une réalité qui leur semble cruellement éloignée de leurs idéaux initiaux. Certes, ils vont prendre en charge leur enfant, mais en pères contrariés. Ils deviennent en quelque sorte des « demi-pères » comme pour signifier, année après année, qu'une part de leur identité a été altérée. Ils font face, mais en entretenant l'idée d'une « part manquante ». Ainsi rencontrent-ils des difficultés à innover dans leurs projets ou leurs propositions. Ils se méfient des gestes qui pourraient avoir une connotation maternante. Ils peinent à développer un dialogue adapté à leur enfant. Et puisque les échanges et les rencontres se sont brutalement raréfiés, ils vont eux-mêmes « amenuiser » leur paternité.

Cette réaction peut très bien ne pas perdurer. Grâce à la création d'un nouveau foyer ou à travers l'acceptation progressive de l'éloignement de l'enfant peut renaître un élan paternel aussi vivant (et parfois plus ardent) que dans le premier cadre familial. Si tel n'est pas le cas, le désinvestissement peut persister et même s'aggraver. Il est bien connu que nombre de parents non-hébergeant vont, après quatre ou cinq ans, se détacher progressivement de l'enfant. Il semble que ce soit avant tout la raréfaction des rencontres qui débouche sur le renoncement, épilogue d'une dérive initiée au moment de la séparation.

Ce processus met en lumière combien le statut de parent ne vivant plus au quotidien avec l'enfant est problématique. Si l'adulte ne réussit pas une mutation ouvrant sur une nouvelle forme de parentalité, la pérennité et la valeur du lien avec l'enfant sont compromises.

Bien entendu, le risque de désinvestissement se trouve fortement accru en régime fermé. Car, de manière répétée, la représentation parentale est affectée par des propos péjoratifs provenant de l'ex-conjoint. De surcroît, l'enfant peine à retrouver la spontanéité qui auparavant était la sienne. La relation n'est plus aussi chaleureuse. Peu à peu le plaisir des retrouvailles s'atténue. Le lien se distend, parfois jusqu'à rompre.

Il existe une autre forme de trajectoire. Elle passe par une révolution intérieure. Afin de ne pas se laisser gagner par l'amertume et pour recréer un nouvel univers.

L'enfant à retrouver

Les rencontres épisodiques mettent à l'épreuve une relation dont l'écrin naturel est la vie de tous les jours.

Comment, dans ces circonstances, tisser des liens de valeur ? Comment être symboliquement « présent » auprès d'un enfant qui, désormais, vit éloigné ?

Sans une reconquête active du rôle de père ou de mère, celui qui vit à distance de l'enfant risque d'être dépassé et mis hors jeu.

Inventer une nouvelle forme d'accompagnement constitue une véritable aventure, voire une *initiation* qui, sur une longue durée, permet de développer diverses valeurs : abnégation, disponibilité, capacité d'écoute, confiance en les ressources de l'enfant, acceptation sereine des limites imposées, courage, patience.

Le « quantitatif » étant hors de portée du parent non-hébergeant, il s'agit de se donner les moyens du « qualitatif ». Certes, en matière de relations humaines, le « qualitatif » passe aussi par le « quantitatif ». Voilà pourquoi tout parent hébergeant qui aime son enfant et souhaiterait bien l'accompagner garde au fond de l'âme un douloureux sentiment d'inachèvement. Mais il n'est pas opportun d'en rester à ce constat. Mieux vaut se dire que certains registres symboliques permettent de transcender les limitations et de préserver la relation. C'est une lutte. Humble et souvent secrète. Non pour s'attirer les faveurs de l'enfant, mais pour l'accompagner et baliser son chemin avec dignité. Et se sentir, à terme, en paix avec cet *élan parental* si malmené.

ÊTRE « PARENT PRINCIPAL »

Le parent qui vit au quotidien avec l'enfant est lui aussi confronté à de grandes difficultés. Certes, il a la possibilité de partager de nombreux moments avec l'enfant, mais une part de dépit peut s'installer et cela pour de multiples raisons.

Tout d'abord, les contraintes matérielles rendent la prise en charge de l'enfant délicate. Sur un autre registre, il faut parfois faire face aux récriminations du parent absent qui n'a pas conscience des aléas de la position de parent hébergeant. Nombre de parents en arrivent à être découragés, voire exaspérés par le manque de disponibilité du parent non-hébergeant.

Pour environ 70 % des cas, c'est la femme qui prend l'initiative de la séparation. Certains pères entendent « faire payer » à leur ex-femme cette décision en imposant un régime fermé. Ils se montrent peu collaborants au niveau parental, et celle qui assume au quotidien un ou plusieurs enfants subit de multiples attitudes dénigrantes. Son dévouement n'est pas reconnu. Des reproches en tous genres deviennent la règle. Le père de l'enfant méconnaît les difficultés de son ex-partenaire. Il manque d'esprit de solidarité et il génère une situation de souffrance chronique. Dans cette situation, la femme qui vit avec l'enfant se sent isolée et se voit confrontée à des défis multiples. Ils sont sentimentaux, organisationnels, sociaux, familiaux, financiers, professionnels.

Vaillance et détermination

Le parent hébergeant est prêt à lutter sur tous les fronts. Il réalise des prouesses et se consacre en priorité à la tâche parentale qui est devenue l'axe de sa vie. La lutte qui s'impose est souvent menée avec énergie et grande détermination. En effet, le choc provoqué par la séparation est si profond qu'il menace l'équilibre personnel et risque de conduire au découragement et à la dépression. C'est pourquoi, dans cette situation d'urgence, de nouvelles ressources se mobilisent.

Les aléas du don de soi

Un tel investissement n'est pas sans conséquence pour la suite de l'histoire familiale. La fonction maternelle ou paternelle est sollicitée à l'extrême dans le cas d'un foyer où vit un seul des deux parents. Au gré de cette situation affrontée au jour le jour, le sentiment du *don de soi* devient prépondérant. Il est en partie apaisant, mais il peut donner lieu à une dérive périlleuse : peu à peu l'amertume s'installe. Les apports de l'autre parent sont sous-évalués. Il est incriminé pour son manque d'engagement – alors même que les circonstances le contraignent à demeurer le plus souvent hors de la vie de l'enfant

Le sentiment de se sacrifier corps et âme conjuguée à l'absence *de facto* de l'autre parent, peut engendrer la conviction que l'enfant n'a plus qu'un parent fiable. Les difficultés considérables du « quotidien » renforcent la tentation de se considérer comme la seule instance parentale.

Cet état de fait a forcément un impact sur l'enfant. En adéquation avec une velléité d'autosuffisance propre à la famille dissociée, il peut s'engager dans un processus de détachement vis-à-vis du parent éloigné, cela à plus forte raison s'il vit dans un milieu où le sentiment de manque est malvenu et la nostalgie combattue.

UNE PACIFICATION AU PROFIT DE L'ENFANT

Une voie existe, bénéfique à la fois pour le parent vivant avec l'enfant et pour celui qui le voit plus épisodiquement. Cette trajectoire est centrée sur l'intérêt de l'enfant. Elle implique un égard quasi sacré pour la personne de l'autre parent.

Il s'agit tout d'abord de considérer avec empathie le statut difficile qui incombe à l'ex-conjoint, quel qu'il soit. À elle seule, cette sollicitude crée des ouvertures capitales dans un système sinon menacé de sclérose.

Il peut s'avérer très ardu de pacifier la relation si un contentieux inaliénable demeure présent. Il est donc nécessaire d'y renoncer même si cela implique de se priver de multiples convictions confortables quant à la responsabilité de son partenaire.

Recréer une alliance parentale là où l'union amoureuse a été brisée, tel est le défi qui respecte l'enfant et va permettre son libre accès aux deux parents. Ce projet devrait prendre le pas sur la tentation d'obtenir une position dominante ou d'entraver la nouvelle vie de son ex-partenaire.

CHAPITRE IX

La résidence alternée : une mutation en cours ?

Nous avons montré à quel point le devenir de l'enfant de famille dissociée est tributaire du type de relation existant entre ses parents.

Un autre élément va compter : le régime légal balisant la prise en charge de l'enfant. Cet aspect est à prendre en considération dès lors qu'émerge une nouvelle modalité d'organisation : la résidence alternée (ou garde partagée) préconise que le lieu de vie de l'enfant soit établi paritairement et successivement au domicile de chacun des deux parents. Une évolution de ce genre est à signaler dans la mesure où elle peut favoriser des relations suivies entre l'enfant et ses deux parents.

Carences du système traditionnel

Avant les années 1960, le taux de divortialité n'excédait pas 10 %. La séparation du couple débouchait traditionnellement (et aujourd'hui encore) sur un jugement fixant la résidence de l'enfant chez la mère. Le père, lui, disposait d'un droit de visite et d'hébergement.

Ce système avait pour but de protéger l'enfant en lui assurant une résidence fixe et unique, si possible avec sa mère. Il présentait l'avantage de définir clairement la position de chacun et hiérarchisait le statut des deux parents.

Au fil des décennies, ce régime a montré ses faiblesses. De grandes charges pèsent sur les épaules du parent hébergeant qui, trop souvent, se retrouve esseulé. Quant à la place secondaire attribuée à l'un des parents, elle a pour conséquence une fragilisation de sa relation avec l'enfant. On sait notamment qu'un tiers des enfants de famille dissociée va perdre tout contact avec le parent non-hébergeant[1]. Par ailleurs, ce déséquilibre semble accroître le risque d'une relation d'emprise compromettant le devenir de l'enfant.

La forte augmentation du taux de divortialité donne à ce phénomène une ampleur sociale nouvelle. Des voix se font entendre qui remettent en cause le système traditionnel : « *Le clivage hiérarchique entre parent principal et parent secondaire, entre parent "qui a la garde" et parent qui a un droit de visite et d'hébergement n'a ni fondement ni sens*[2]. » Cet avis sans équivoque se fonde sur le droit de l'enfant à demeurer en relation avec ses deux parents à l'heure où des millions d'enfants, en France et ailleurs, vivent sans contact avec un de leurs parents. Certes, cette situation est également due à l'augmentation du nombre de séparations ainsi qu'à la démission de certains parents. Mais plutôt que s'en

1. En France, selon les chiffres publiés par le ministère de la Justice pour l'année 2007, pour 76,8 % des jugements de divorce, la garde de l'enfant a été attribuée à la mère de l'enfant (contre 14,8 % en résidence alternée et 7,9 % chez le père). Ces chiffres indiquent que la garde de l'enfant a été confiée dix fois plus souvent à la mère qu'au père. Il est donc évident que la fragilisation du lien, inhérente au statut de parent non-hébergeant, va frapper prioritairement la relation père-enfant.

2. Jean Le Camus et Michèle Laborde, *Le Père et l'enfant à l'épreuve de la séparation*, Paris, Odile Jacob, 2009.

accommoder, il faut revenir à ce qui est essentiel : *« Pour grandir et s'épanouir dans une famille ordinaire, un enfant a physiquement et matériellement besoin de ses deux parents, et quand le couple conjugal se brise, l'exigence d'une coprésence parentale ne disparaît pas pour autant.* » (Ibid., p. 153.)

LUTTER CONTRE LE « SYNDROME DU HÉRON »

Un homme et une femme vivant en couple s'engagent – même tacitement – à subvenir aux besoins de leur progéniture. Ils sont liés par un projet à long terme : l'éducation de leurs enfants.

Au moment de la séparation, le système traditionnel semble compromettre ce projet de coaccompagnement dans la mesure où les deux parents sont traités très différemment par la loi. Serait-ce exagéré de dire que ce système impose aux parents une disparité si forte que le projet initial de coéducation s'en trouve gravement compromis ? L'union conjugale est brisée, soit. Mais le système traditionnel n'aggrave-t-il pas la césure en la prolongeant à l'intérieur même du duo parental ?

Un tel aménagement ne semble plus adéquat en tant que norme dès lors que pratiquement la moitié des unions est ponctuée par une séparation. Trop d'enfants ont à souffrir du « syndrome du héron » qui consiste pour eux à vivre « sur une seule patte » ou sur une seule lignée, c'est-à-dire privé d'un de leurs parents.

Dans ce contexte, la résidence alternée apparaît comme une alternative digne d'intérêt. Certes, elle implique un engagement personnel différent et des ajustements sociaux, mais les enjeux éducatifs importants nécessitent d'affronter ces difficultés. Car une exigence éthique s'impose : l'accompagnement de l'enfant par ses deux parents, même au-delà de la séparation du couple.

Nouveau paradigme

On peut opposer à la résidence alternée qu'elle est souvent irréalisable. Il n'en demeure pas moins qu'il n'est plus possible de déplorer les méfaits du système traditionnel tout en considérant que cette formule boiteuse est la moins mauvaise des solutions ou la seule applicable. En tout état de cause, la résidence alternée amorce un changement de paradigme en proposant un nouveau « régime souhaitable » pour l'enfant.

La situation aux États-Unis

Dans nombre de domaines, les États-Unis jouent un rôle précurseur tant pour les mutations positives que négatives. On a vu qu'en matière d'aliénation parentale, la jurisprudence et la pédopsychiatrie américaines étaient en avance par rapport à la situation qui prévaut en Europe. Il en va de même à propos de la résidence alternée puisqu'elle y est notablement plus fréquente. En Californie, elle est clairement préconisée ; dans certains États (le Montana, le Connecticut ou le Kansas) elle est considérée très favorablement puisque 40 % environ des parents séparés l'adoptent.

Bien évidemment, une évolution de ce genre nécessite du temps. Elle s'inscrit souvent dans le contexte en expansion des « familles recomposées » et il est difficile de dire à quel rythme elle se développera.

Qualité de la relation entre parents

Des aménagements mieux équilibrés entre parents séparés semblent de nature à favoriser l'émergence d'un régime ouvert. Toutefois, il serait erroné de considérer que la résidence alternée est forcément facteur d'entente parentale : en effet, la possibilité de vivre en résidence alternée a généré, depuis qu'elle est envisagée par la loi, diverses formes de conflictualité tout à fait nouvelles. L'enfant qui est au bénéfice de cet aménagement paritaire n'est donc pas à l'abri d'un régime fermé qui voit ses parents se déchirer. Résidence alternée ou pas, la qualité de la relation entre parents demeure donc l'élément majeur pouvant assurer à l'enfant une vie harmonieuse.

De surcroît, il faut avoir à l'esprit que la résidence alternée nécessite des contacts accrus entre parents. Par conséquent, l'instauration d'un régime ouvert s'avère d'autant plus nécessaire. Dans le cas contraire, une situation de fermeture chronique est susceptible d'engendrer une situation très dommageable.

On le voit, une évolution institutionnelle s'avère hautement souhaitable et, dans ce contexte, la résidence alternée est facteur d'espoir : elle devrait permettre à long terme une évolution bénéfique et on ne peut que s'en réjouir.

Néanmoins, il faut insister sur ce point : quel que soit le système mis en place, la nature des dynamiques relationnelles qui se développent entre parents demeure déterminante. Pour preuve, rappelons que nombre de couples séparés soumis au régime traditionnel parviennent néanmoins à accompagner leur enfant avec dignité dès lors qu'ils ont réussi à fonder un régime ouvert. C'est ce même souci parental qui doit prévaloir en résidence alternée. Si tel n'est pas le cas, cette mutation institutionnelle ne saurait, à elle seule, être garante du bien-être de l'enfant.

Ainsi, d'une manière idéale, il serait souhaitable que le progrès soit double et qu'il affecte à la fois le régime légal mis en place et la qualité des relations entre parents.

UNE ÉVOLUTION JURIDIQUE

Il est important d'observer que le recours possible à la résidence alternée change la donne au point de vue juridique. En effet, le champ d'action du juge aux affaires familiales s'est notoirement modifié.

Période d'essai

Auparavant, le juge était contraint de désigner un parent hébergeant et un parent non-hébergeant, avec pour risque de générer en amont une lutte entre parents en fonction de ce « jugement-sanction ».

Il est maintenant possible pour le juge d'imposer une forme de parité pour un temps d'essai de six mois. C'est un des mérites de la résidence alternée : une période probatoire est envisageable. Elle permet d'évaluer l'attitude de chacun. En général, le juge est amené à constater que le parent qui estime inappropriée la résidence alternée va tenter de la saboter en se montrant peu collaborant. Cette réalité constitue un élément d'information précieux permettant de favoriser le parent qui respecte le mieux la place de l'ex-conjoint.

L'émergence de ces modalités nouvelles est révélatrice : elle atteste que le milieu juridique est de plus en plus conscient du bras de fer qui se développe parfois entre parents avec pour enjeu la captation de l'enfant. Nombre de juges sont maintenant attentifs aux stratégies visant à discréditer ou à évincer une mère ou un père considéré en adversaire. Par conséquent, les mesures prises ont pour but de contrer cette velléité d'hégémonie. De même, la personne qui sait se montrer respectueuse envers l'autre parent reçoit plus fréquemment le soutien du juge qui a pour souci prioritaire que l'enfant puisse être en contact avec ses deux parents.

Ainsi le recours (même temporaire) à la résidence alternée permet-il au juge aux affaires familiales d'agir contre deux processus préjudiciables : l'appropriation de l'enfant et la tentative de mise à l'écart de son père ou de sa mère.

Solutions médianes

Si le juge rencontre des difficultés à instaurer une résidence alternée, il peut adopter diverses solutions médianes qui correspondent à un droit de visite élargi.

Indéniablement, l'existence de la résidence alternée instaure une ère nouvelle puisqu'elle devient un outil pour le juge. Il arrive que celui-ci décide de l'imposer afin d'amorcer une évolution à l'intérieur de certaines situations risquant de déboucher sur la démission ou l'emprise de l'un des parents.

Enjeux relationnels

Actuellement on s'achemine pour environ 85 % des séparations vers une organisation de type traditionnel générant parent non-hébergeant et parent hébergeant. La communauté sociale est maintenant mieux informée des déséquilibres qui en découlent. Peu à peu elle est amenée à innover, et cela malgré les obstacles inhérents à toute solution exigeante. La rapidité des mutations familiales incite à penser que la résidence alternée n'est pas un épiphénomène, mais qu'elle est le signe d'une mutation en cours.

Ajoutons que si la résidence alternée devenait, au fil des années, l'aménagement le plus usuel, cela ne serait pas sans incidence sur les couples en crise : se séparer apparaîtrait sous un jour différent. En effet, aucune mère ni aucun père ne serait plus assuré de devenir parent hébergeant. Quant aux parents enclins à se désengager, la perspective de la résidence alternée serait synonyme de responsabilités nouvelles.

En prolongeant cette vision prospective, on peut imaginer que la résidence alternée vécue comme pratique dominante pourrait conduire les couples en crise à saisir dès l'amorce de leur séparation la nécessité absolue d'une relation parentale fluide. Cette conscience précoce serait précieuse tout au début de la séparation, dans la mesure où les premières attitudes, comme on l'a vu, vont être déterminantes pour la suite du parcours parental.

La résidence alternée, sans offrir une solution miracle, semble donc contribuer à la mise en place d'un régime ouvert. À long terme, elle est un des éléments capables d'atténuer le risque qu'un des deux parents ne soit exclu de la vie de l'enfant.

Conclusion

Vers une éthique de la coparentalité

La séparation du couple génère pour des millions d'enfants et de parents une situation difficile à vivre. Dans ces circonstances inattendues et déstabilisantes, de nombreux défis apparaissent : développer une coparentalité fluide, découvrir les attitudes adéquates vis-à-vis de l'enfant, acquérir les outils de communication qui permettent de vivre en « famille recomposée », se délester d'une logique de « propriétaire de l'enfant ».

Au-delà du régime légal institué après la séparation, c'est la qualité des échanges entre les diverses personnes impliquées qui va être décisive. Si un espoir d'harmonie existe, il se situe dans l'émergence de nouveaux consensus entre parents et surtout dans leur manière de se considérer après séparation.

Hélas, nous demeurons étonnamment aveugles devant nos propres dysfonctionnements de parents. C'est pourquoi il nous incombe de nous interroger à propos des messages que nos paroles transmettent. Cette vigilance est une condition de « survie psychique » à la fois pour les parents et pour leurs enfants.

La mise en perspective de dynamiques contrastées (en régime ouvert et en régime fermé) illustre comment nos paroles les plus ordinaires et nos attitudes les plus banales vont conditionner l'enfant et parfois entraver la relation qu'il pourra vivre avec chacun de ses parents. La première étape d'une évolution passe par cette prise de conscience.

Actuellement, de nombreuses situations familiales malsaines ou même perverses ne sont pas repérées faute de clairvoyance à leur sujet. Dans le cas de l'aliénation parentale, des attitudes extrêmement pathologiques se développent sans susciter aucune remise en question. C'est pourquoi une évolution est nécessaire. Pour l'amorcer, il faut que s'instaure peu à peu un consensus à propos des comportements parentaux qui emprisonnent ou qui aident l'enfant.

Inscrite dans le concret de la vie, cette réflexion a précisément voulu expliciter quelles sont les attitudes « fermées » et les attitudes « ouvertes ». Sans prétention d'être exhaustif, mais avec le souhait que, par touches successives, se dessine une éthique de la coparentalité.

Annexes

ANNEXES 1

Régime fermé :

- confusion conjugalité-parentalité ;
- stigmatisations fréquentes de l'autre parent ;
- absence de paroles positives à propos de l'autre parent ;
- maintien des contentieux conjugaux ;
- institution d'une mémoire des contentieux ;
- réactivation de la mémoire conflictuelle ;
- implication de l'enfant dans cette mémoire ;
- implication de l'enfant dans les différends financiers ;
- représailles financières ;
- dévalorisation de la pension alimentaire ;
- victimisation de l'un des parents (ou des deux) ;
- dépréciation réciproque ;
- rétention des informations ;
- droit de visite aléatoire ;
- « neutralité » à propos de la relation avec l'autre parent ;
- aucun relais imprévu sollicité pour la garde de l'enfant ;
- dépréciation ou rejet des mots *papa* ou *maman* ;
- accord de coparentalité impossible ;
- rejet du nouveau partenaire de couple par l'ex-conjoint ;
- rejet du nouveau partenaire de couple par l'enfant ;
- relations entravées avec les grands-parents ;
- dialogue parental difficile, voire impossible ;
- risque de coupure mère-enfant ou père-enfant ;
- accès restreint à la vie scolaire de l'enfant ;
- dévalorisation des héritages génétiques ou des ressemblances ;
- rétention des bonnes nouvelles ;
- paroles déplacées en présence de l'enfant ;
- sarcasmes ;
- prise à témoin de l'entourage ;
- exclusion des sympathisants de l'ex-conjoint ;
- dévalorisation, le cas échéant, de la culture de l'ex-conjoint ;
- recours difficile à un thérapeute.

Régime ouvert :

– distinction conjugalité-parentalité ;
– absence de paroles négatives sur l'autre parent ;
– paroles positives à propos de l'autre parent ;
– abandon des contentieux conjugaux ;
– refus d'une mémoire des contentieux ;
– non-réactivation de la mémoire conflictuelle ;
– non-implication de l'enfant dans cette mémoire ;
– non-implication « financière » de l'enfant ;
– accord concernant l'aspect financier ;
– respect de la pension alimentaire ;
– responsabilisation des deux parents ;
– valorisation mutuelle ;
– bonne circulation des informations ;
– droit de visite protégé ;
– valorisation de la relation avec l'autre parent ;
– relais imprévus sollicités ;
– valorisation des vocables *papa* et *maman* ;
– accord de coparentalité solide ;
– nouveau partenaire accepté par l'ex-conjoint ;
– nouveau partenaire accepté par l'enfant ;
– relations aisées avec les grands-parents ;
– dialogue parental vivant ;
– stabilité des liens père-enfant et mère-enfant ;
– accès facilité à la vie scolaire de l'enfant ;
– valorisation des divers héritages génétiques ;
– communication des bonnes nouvelles ;
– paroles mesurées en présence de l'enfant ;
– respect ;
– retenue et discrétion face à l'entourage ;
– absence d'attitude clanique ;
– respect de la culture de l'ex-conjoint ;
– recours possible à un thérapeute.

ANNEXE 2

Trois types de parents aliénants. Classification proposée par le Dr Douglas Darnall

(dans *Divorce casualties. Protecting Your Children from Parental Alienation, Dallas, Taylor Publishing, 1998.*)

– **Le parent aliénateur naïf.** Tout parent se comporte dans certaines occasions comme un « manipulateur naïf ». Mais celui-ci ne confond pas ses propres besoins avec ceux de l'enfant. Il reconnaît l'importance pour son enfant d'une relation saine avec l'autre parent et, habituellement, il l'encourage. Parfois, il adopte une attitude qui manipule. Mais il a conscience de ses erreurs et il est capable de se sentir coupable quand il agit de manière à affecter la relation de l'enfant avec son père ou sa mère. Il a confiance en l'autre parent. Il a dépassé son sentiment de colère ou de frustration lié à la séparation. Il est prêt à collaborer avec l'autre parent. Il se réjouit des activités que ce dernier propose à l'enfant. Il se sent en sécurité quand l'enfant est avec son ex-conjoint. Il est enclin à partager les informations en ce qui concerne des dossiers médicaux ou scolaires.

– **Le parent aliénateur actif.** Il manifeste le désir de bien agir en faveur de l'enfant, mais il peine à contrôler sa frustration ou son amertume. Quand survient un désaccord, il se contrôle mal. Sa réaction immédiate est de renforcer le dénigrement contre le parent cible. Ensuite, il sait se remettre en cause et revenir sur des propos inadéquats. Il oscille entre impulsivité et réparation des dégâts. Il manifeste un fort désir d'emprise sur l'enfant ainsi qu'un haut niveau d'agressivité contre le parent cible. Il alterne attitudes manipulatrices et attitudes réparatrices dues à un certain sentiment de culpabilité. Il lui arrive de s'en prendre violemment à l'autre parent devant les enfants. Ceux-ci, néanmoins, sont en mesure de conserver des opinions personnelles. Pour obtenir une certaine paix, ils apprennent à ne pas exprimer leur avis intime. En dépit des propos entendus, ils ont conscience des qualités du parent

dénigré. Le parent aliénateur actif est généralement disposé à accepter une aide thérapeutique quand ses enfants sont en difficulté.
Paroles d'aliénateur actif : « *Je ne veux pas que tu dises à ton père que j'ai gagné cet argent supplémentaire.* »
« *Puisque cet avare n'a pas encore payé la pension alimentaire, nous ne pourrons pas aller en vacances.* »
« *Vous vous souvenez de ce qu'elle a fait quand on voulait aller chez grand-maman pour Noël ?* »

– **Le parent aliénateur obsédé.** Nul ne peut le convaincre qu'il se trompe. Il a inculqué à l'enfant ses propres croyances au sujet du parent cible. L'opinion des enfants ne se distingue plus de la sienne. Le parent aliénateur obsédé, tout comme son enfant, peine à bien motiver les raisons de ses sentiments. Il n'est pas importuné par la rupture des liens de l'enfant avec l'autre parent. Il peut même la souhaiter et agir consciemment dans ce sens. Il manipule constamment les pensées de l'enfant. Celui-ci intègre scrupuleusement les jugements ou opinions du parent aliénateur et les reproduit avec conviction. Le parent aliénateur obsédé va souvent rechercher le soutien des membres de sa famille et des amis qui vont partager ses croyances, de manière à conforter sa position. Une colère inextinguible persiste chez lui. Il est persuadé d'être la victime du parent cible. À ses yeux, tout ce qu'il entreprend est destiné à protéger ses enfants. Le pouvoir d'un tribunal ne l'intimide pas. Il peut se servir d'une procédure judiciaire pour bloquer le parent cible. Il est obsédé par une cause supérieure : la protection des enfants à tout prix. À l'extrême, il arrive que ses pensées soient irrationnelles, voire délirantes.
Paroles d'aliénateur obsédé : « *J'adore mes enfants. Si le tribunal ne peut pas les protéger de leur père abusif, je le ferai.* »
« *Même s'il n'a jamais abusé des enfants, je sais que c'est une question de temps.* »
« *Les enfants ne veulent pas voir leur mère. Ils en ont peur. Je ne vais pas les forcer. Ils sont assez grands pour se faire leur propre opinion.* »

ANNEXE 3

Trois stades du syndrome d'aliénation parentale présentés par Dr Richard Gardner

– **Stade léger.** Chez l'enfant, seuls quelques-uns des huit symptômes cités sont présents. Les transitions d'un parent à l'autre se passent assez bien. Si des difficultés surgissent, les choses rentrent dans l'ordre quand l'enfant se retrouve seul avec le parent dénigré. Les liens sont maintenus avec l'autre famille. L'enfant exprime le souhait de conserver une relation avec chaque parent. Si la famille est aidée, une amélioration est possible rapidement.

– **Stade modéré.** Cela représente la majorité des cas. La campagne de dénigrement est enclenchée. La plupart des huit symptômes sont présents. L'agressivité est plus marquée. Les phénomènes de manipulation sont en action. Si une intervention thérapeutique est effectuée, les choses peuvent évoluer positivement. Sinon, la progression vers le stade sévère est très probable.

– **Stade sévère.** Les huit symptômes définis par Gardner sont présents. L'enfant tient des propos très agressifs et cela sans retenue ni remords. Parent aliénant et enfant sont unis dans une critique fanatique du parent cible (chez lequel une visite est impossible). L'absence d'ambivalence est toujours présente. L'évolution de la situation est très problématique.

ANNEXE 4

Tribunal et psychothérapie

Un tribunal doit-il imposer à l'enfant de se rendre ou d'habiter chez le parent évincé ? Peut-il superviser une psychothérapie ? Les professionnels de la santé estiment habituellement qu'un changement de garde ou toute mesure coercitive est néfaste. C'est un travail de longue haleine qui est préféré. Car l'emprise exercée par le parent aliénant ainsi que son refus de donner à l'enfant la « permission émotionnelle » de voir le parent évincé sont difficiles à prouver et à vaincre (S.M. Maidment, « Parental Alienation Syndrome – A Judicial Response? », *Family Law*, mai 1998, p. 264-266).

Toute visite forcée est vécue comme très punitive par l'enfant. Elle est contre-productive. Le recours à une instance chargée de superviser la rencontre est généralement préconisé. Mais l'organisation même de cet encadrement a hélas tendance à confirmer le caractère « dangereux » du parent rejeté.

Richard Gardner met en garde contre les conséquences liées au fait de tolérer le refus de l'enfant d'avoir des contacts avec le parent évincé.

En l'état, il faut admettre qu'imposer soit une psychothérapie soit des visites de la part de l'enfant se heurte au refus émanant de la forte alliance « parent aliénant-enfant ». Seule une collaboration efficace entre les services sociaux, le juge et le thérapeute permettrait une évolution induite de l'extérieur.

ANNEXE 5

La structure « médéique »

Comment se constitue la structure médéique envisagée par le psychanalyste Alain Depaulis dans son ouvrage *Le complexe de Médée. Quand une mère prive le père de ses enfants* ? Avant d'apporter une réponse à cette question, notons que le « complexe de Médée » proposé par Alain Depaulis s'appuie sur la trame même de la pièce d'Euripide intitulée *Médée*. Or l'héroïne de cette pièce est *quittée* par son mari Jason. Telle est la situation. Celle-ci ne saurait servir d'hypothèse analytique généralisée à toute femme en situation de séparation. En effet, dans une majorité de cas (70 % environ), c'est la femme elle-même qui choisit la séparation ou le divorce. Et c'est alors l'homme et non pas la femme qui occupe la position du « quitté ».

Le « complexe de Médée » a donc comme préalable (et comme limite) que la femme occupe la position de la personne « délaissée ». C'est là un élément central. Pour elle (comme

pour tout adulte), le lien familial a été scellé par la naissance d'un enfant. Mère et père sont tous deux étroitement associés dans son éducation. Ils forment une entité.
La séparation du couple constitue une véritable déflagration. Certes, chaque partenaire peut admettre que son conjoint détient la liberté de rompre. Mais confrontée à cette réalité, la femme-Médée (devenue mère) subit un profond sentiment d'échec (accru car elle est faible narcissiquement et son identité de femme s'est construite de manière particulière dans la mesure où l'homme choisi est apparu comme principal garant de cette identité). Ces circonstances « identitaires » accentuent le sentiment d'avoir été flouée et cruellement abandonnée. La souffrance déborde et il en résulte une forme de fureur.
L'homme responsable de la séparation apparaît dans ce cas particulier comme un traître. La femme-Médée se sent humiliée. Convaincue que son enfant, lui aussi, a été abandonné, elle se sent légitimée à s'attaquer au père lui-même. Il n'est plus question pour elle de distinguer le « père » du « conjoint ». Ils sont confondus. Une égale animosité se fait jour contre l'homme qui est coupable d'abandonner à la fois sa femme, sa famille et son enfant.

Il ne s'agit pas pour Alain Depaulis de porter un jugement sur cet emportement qui est à la mesure de la souffrance ressentie. La confiance est trahie d'une manière si intime que l'être féminin en est profondément déstabilisé.
Dans la pièce d'Euripide, Médée va choisir de tuer ses deux enfants pour attenter à leur père Jason. Ce geste ultime (présent dans certaines affaires criminelles) met en scène une réalité qui subjugue : la colère générée par l'abandon est telle qu'elle va engendrer le meurtre des enfants. Par cet assassinat, Médée se prive de ceux qu'elle aime. Elle s'inflige une souffrance sans égal.
Alain Depaulis identifie trois « mobiles » qui expliqueraient ce crime : Médée punit le père parjure. Elle agit en rivale de l'autre sexe. Et enfin, elle accomplit un acte qui vise de manière désespérée à restaurer sa dignité.

Les cas d'infanticide sont rares. Selon Alain Depaulis, le destin de Médée rappelle ce qui est susceptible d'être blessé chez une femme confrontée brutalement à la séparation : elle vit une trahison. Son honneur est bafoué.
De tels affects peuvent être ravageurs pour elle. Impossible, dès lors, de se préoccuper en toute sérénité du bien-être de l'enfant. Impossible d'amorcer une coparentalité tranquille. Impossible de penser à une amnistie. Un acte s'impose. Fulgurant. À la mesure de la souffrance ressentie. Cette Médée va se montrer virulente. Son ex-mari ne comprendra pas pourquoi l'enfant devient otage et il se désespérera de ce scénario catastrophe. Or il ignore que, dans l'univers féminin qui lui fait face, tout ce qui fut le plus précieux a été piétiné : le lien amoureux et le lien familial.
Pour bien saisir ce qui se joue, il est erroné de considérer que cette Médée fonctionne en termes de vengeance. En réalité, elle pense agir de plein droit. Et sa justice immédiate implique le châtiment de l'homme coupable d'une faute rédhibitoire. Jamais il n'aura assez payé pour son infamie. Et si l'homme déchu se pique d'argumenter en revendiquant sa liberté de rompre, il ne sera pas entendu. Au contraire, il confirmera son statut de scélérat n'ayant pas respecté un pacte sacré.

Ce contexte passionnel déterminerait certaines mères. Leur ardeur maternelle, leur générosité et leur amour ont été trahis. On voudrait qu'elles soient compréhensives alors que gronde en elles un désespoir à la mesure des énergies déployées pour leur famille.
L'homme blesse parfois le plus intime sans prendre la mesure de ce qui a été atteint. Il réveille une Médée latente. Elle tombe dans un désarroi qui va lui inspirer des actes inattendus. Et qu'advient-il de la place que le père occupait auprès de l'enfant ? Voilà qu'elle est compromise, attaquée, parfois pulvérisée. Au moment de la rupture qu'il a voulue, l'homme va déchoir. Il n'est pas question que ce père, comme par enchantement, conserve une relation inchangée avec son fils ou sa fille. Un châtiment s'impose tant le sentiment de trahison est vif.

Cette Médée est victime d'une brûlure. Elle veut survivre. Elle veut avancer. Et elle avance avec d'autant plus de tranchant qu'elle va écarter le père.
Très tôt, elle reçoit le soutien de l'enfant si celui-ci vit avec elle. Enfant subjugué par la souffrance maternelle. Enfant-mobilisé. Enfant-arme.
Chez Euripide, Médée tue l'enfant. Elle aurait pu se contenter de sceller une alliance avec sa progéniture et la soustraire au père. Elle va au-delà. Quant à la souffrance paternelle, jamais elle n'aura valeur de rédemption. Elle ne compte pas. Elle est néant. Médée marche sur un chemin sans retour. Elle va restaurer sa dignité en foudroyant un père déchu.

Annexe 6

Comment vivre en parent évincé ?

Interviewé sur ce sujet, le psychosociologue Jacques Salomé, auteur de nombreux ouvrages consacrés aux relations humaines, donne quelques orientations précieuses.
Tout d'abord, le parent évincé ne doit pas perdre de vue qu'il occupe la position de l'adulte. Et en tant qu'adulte, il s'agit de se responsabiliser en « prenant soin » de sa frustration, de sa tristesse et du désir de voir l'enfant. Cette attitude est à l'inverse de l'autovictimisation qui, elle, est stérile. Aux yeux de Jacques Salomé, « *il faut nourrir la relation par des signes de vie (courriers réguliers et individualisés à chacun des enfants). Et cela sans poser de question, c'est-à-dire sans rien demander, mais en donnant, en accueillant et en se positionnant comme étant leur père (leur mère), leur papa, (leur maman) et leur géniteur (leur génitrice). Il ne faut pas oublier les anniversaires, les petits et grands faits de l'existence. L'adulte peut évoquer sa vie, son enfance, ses découvertes, ses espérances. Il s'agit de gratifier et d'attendre* ». Jacques Salomé poursuit en affirmant : « *Ne jamais démissionner, ni accuser, ni pratiquer la pseudo compréhension. Ne gérer que son propre "bout" de la relation, régulièrement, avec patience, persévérance et humilité.* »

Dans son ouvrage *Un poison du divorce : la contestation du lien parental par un ex-conjoint rancunier* (New York, Regan-Books, 2001), le Dr Richard Warshak préconise certaines attitudes qui vont dans le sens du propos de Jacques Salomé : il s'agit avant tout, en tant que parent responsable, d'être adéquat vis-à-vis de l'enfant.

1. Acceptation et écoute. Le parent aliéné doit veiller à être à l'écoute des sentiments négatifs qu'exprime l'enfant, cela même si l'endoctrinement dont il est victime est notoire. Quelle que soit leur origine, ces sentiments sont bien réels. Avant de vouloir infléchir cette réalité, il est important de l'accepter.

L'adulte peut utiliser la simple confirmation, dont le pouvoir est important : « *Je vois que tu es fâché contre moi.* » « *J'ai bien compris que tu préférais ne pas passer de vacances avec moi.* » Sans cette écoute-là, l'enfant dira : « *Mon père (ma mère) ne m'écoute pas.* » « *Il (elle) pense toujours que je suis influencé, alors que je dis ce que je pense.* » « *Il (elle) ne me respecte pas.* »

2. Ne pas argumenter ou se justifier. Face au point de vue négatif de l'enfant, la confrontation ou la justification n'ont pas de prise. Il est illusoire de vouloir convaincre. Une contre-argumentation a pour effet de renforcer le point de vue de l'enfant. Tout au plus, l'adulte peut-il avancer l'idée que l'enfant a le droit, comme chacun, d'avoir son point de vue. Cette idée de pluralité des opinions va à l'opposé d'une vérité unique.

3. Apprentissage de la neutralité. Il est possible d'initier l'enfant à son droit d'avoir une bonne relation avec chacun de ses deux parents sans être amené à prendre parti pour l'un ou pour l'autre.

4. Ne pas évoquer la relation d'emprise. L'enfant est persuadé de ne pas être sous emprise. Il ne faut pas oublier qu'une manipulation est « réussie » lorsque le manipulé est certain de disposer de son autonomie de pensée. Dire à un enfant qu'il est manipulé équivaut à affirmer que les sentiments qu'il exprime ne sont pas les siens. Cela est inacceptable et perçu comme faux et humiliant. Le parent qui veut révéler à l'enfant qu'il est manipulé se coupe aussitôt de lui. L'enfant, déjà « chosifié » par le parent manipulateur, est une seconde fois maltraité dans la mesure où sa conviction n'est pas acceptée comme sienne. Il faut donc considérer ce qu'exprime l'enfant comme lui appartenant en propre.

5. Aborder un thème général. Il est possible d'aborder « de biais » la question de la relation d'emprise à la faveur d'un film, d'une anecdote. L'enfant ne peut discerner un phénomène de manipulation que s'il est visible à l'extérieur de lui-même. C'est lui seul qui, éventuellement, pourra faire un lien avec son vécu.

6. Communication indirecte. Il n'est pas adéquat d'imposer à l'enfant une discussion de fond. Il est préférable de profiter d'une circonstance favorable pour aborder un sujet sensible. Si l'enfant est réceptif, il est possible, à travers un jeu, une anecdote, une expérience, de lui proposer une vision nouvelle. Mais de manière non-insistante et sans vouloir convaincre.

7. Témoignage de tiers. Dans la mesure où la parole du parent évincé est perçue comme trompeuse et peu digne de foi, celle de tiers peut aider à introduire une autre vision des choses. Il est nécessaire que ces tiers jouissent de l'estime de l'enfant. Encore faut-il qu'ils ne commettent pas l'erreur de vouloir le convaincre. Car le rejet serait immédiat. Il s'agit simplement de proposer un avis nouveau.

8. Environnement respectueux. Si l'enfant a la possibilité de voir évoluer le parent dénigré au sein d'un environnement respectueux envers lui, il pourra lentement accéder à l'idée que sa vision négative n'est pas la seule qui existe.

9. Écoute provoquée. Le Dr Richard Warshak suggère de laisser entendre « accidentellement » des conversations pouvant amener l'enfant à une autre vision de la réalité. Si l'enfant pense avoir entendu ces propos à l'insu du parent dénigré, il pourra, à titre exceptionnel, les considérer comme dignes de foi.

10. Acceptation de l'imperfection. L'enfant peut être initié à l'idée que toute personne aimée n'est pas sans imperfection. Par conséquent, les défauts et les qualités coexistent. Il est donc normal d'éprouver des sentiments contrastés envers une personne aimée.

11. Expériences correctrices. Tout moment chaleureux vécu avec l'enfant aide à constituer (même sans la conscientiser) une image moins négative du parent dénigré. Plutôt que de vouloir argumenter sur des qualités parentales, mieux vaut les mettre en action.

12. Mémorisation et remémoration du positif. Le plaisir vécu avec l'enfant est la première des richesses. Lorsque les rencontres sont rares, les photographies ou le film permettent de donner une seconde existence à ce vécu. Un enfant qui feuillette spontanément un album photo est confronté à la preuve tangible que certaines expériences positives ont existé. De même, évoquer par la parole des faits marquants vécus ensemble atteste d'un lien qui traverse le temps. Ces anecdotes constituent les jalons d'une histoire commune. Leur évocation est source de plaisir réciproque. En présence de tiers, cette remémoration prend une valeur accrue.

13. Isolement dans la fratrie. Combattre l'aliénation parentale est plus aisé en étant avec un seul enfant, car celui-ci s'extrait du contrôle exercé au sein de la fratrie. Mais, cela est redouté par le parent dénigrant qui veille en principe à empêcher cette situation de tête-à-tête. Le parent aliénant avance qu'il est préférable que les enfants restent ensemble de manière à pouvoir s'épauler ou mutuellement « s'étayer » en présence du « mauvais parent ».

14. Accueil des propos rapportés. Si l'enfant relate des paroles dénigrantes qu'il a entendues, il est inefficace de les démentir. En revanche, il faut inviter l'enfant à penser par lui-même : « *Et toi ? Qu'est-ce que tu en penses ?* »

15. Circonstances extérieures. La vie est foisonnante de « propositions ». Se promener, évoquer un livre, parler de la vie en classe, regarder ensemble un film offre moult possibilités d'échanges. Bien sûr, il ne s'agit aucunement d'entreprendre une « contre-manipulation ». L'enfant serait alors doublement l'objet d'un endoctrinement. Le but recherché est différent : il s'agit de proposer une vision plurielle de la réalité et d'inciter l'enfant à penser par lui-même. Ainsi, dans un film, certaines trames narratives sont porteuses de messages intéressants. Mais il faut s'abstenir de vouloir en tirer profit en provoquant une discussion. Plus tard, un film pourra servir de point de repère lors d'un échange.

16. Proposer un bon « parentage ». Le parent dénigré court le risque d'apparaître tendu ou centré sur ses préoccupations. Il est nécessaire de dépasser cette souffrance et de rester à l'écoute de l'enfant en accueillant sa présence et ses réflexions telles qu'elles sont dans l'instant présent. Cette « vigilance parentale » se façonne à travers un apprentissage de tous les instants. Il ne s'agit aucunement de vouloir apparaître comme « bon parent », de manière narcissique. Le but est d'offrir à l'enfant le meilleur accompagnement possible. Les valeurs de persévérance, de patience et d'humilité avancées par Jacques Salomé sont au cœur de ce bon « parentage ».

17. Évitement de certaines erreurs

– Il est contre-productif de rejeter l'enfant en espérant un changement d'attitude de sa part.

– Les grands discours, les diatribes, les colères sont également négatifs. Lancer : « *Un jour, je vous dirai ce que j'ai vécu et vous comprendrez qui est votre père (votre mère)* » est ravageur. L'enfant perçoit une menace et une violence contenue. Il ne peut que vouloir prendre ses distances.

– Il est inadéquat de nier le désir exprimé par l'enfant de créer une rupture dans la relation. Affirmer, par exemple, « *Tu ne me détestes pas vraiment* » peut relever d'une bonne intention, mais sera perçu par l'enfant comme la négation de ses sentiments.

– Il peut arriver de lâcher une parole négative à propos du parent dénigrant. Cela est lourd de conséquences car un tel écart (même minime et exceptionnel) sert à justifier le rejet.

18. Respect du parent dénigrant. Pour viser strictement le bien-être de l'enfant, le parent évincé doit avoir la rigueur de proposer envers et contre tout un régime ouvert. Dans cette optique, il est souhaitable de ne jamais dénigrer l'autre parent. Il est par exemple positif de collaborer d'une manière active avec l'enfant pour préparer un cadeau d'anniversaire. Tout ce que l'enfant relate de positif à propos du « parent aliénant » doit être accueilli chaleureusement. C'est une manière d'agir avec générosité envers l'enfant. Témoigner de la considération envers la personne qui est son père ou sa mère l'aide à vivre.

Bibliographie

1. Amato Paul R. et Keith B., « Parental Divorce and Well-Being of Children: a Meta-Analysis », *Psychological Bulletin,* 110, 1991, p. 26-46.
2. Antier Edwige, *Éloge des mères,* Paris, Robert Laffont, 2001.
3. Arendt Hannah, *Le Système totalitaire,* Paris, Le Seuil, 1992. (1re édition : New York, 1951.)
4. Berger Maurice, *L'Enfant et la souffrance de la séparation. Divorce, adoption, placement,* Paris, Dunod, 1997.
5. Brazelton Thomas B. et Cramer Bertrand, *Les Premiers Liens,* Paris, Stock, 1990.
6. Cartwright G. F., « Expandind the Parameters of Parental Alienation Syndrome », *American Journal of Family therapy,* 1993, 21, 3, p. 205-215.
7. Clerget Stéphane, *Séparons-nous mais protégeons nos enfants,* Paris, Albin Michel, 2004.
8. Couchard Françoise, *Emprise et violence maternelles. Étude d'anthropologie psychanalytique,* Paris, Dunod, 2003.
9. Corneau Guy, *Père manquant, fils manqué,* Montréal, Éditions de l'Homme, 1989.
10. Cramer Bertrand, *Secrets de femmes, de mère à fille,* Paris, Calmann-Lévy, 1996.
11. Cramer Bertrand, « L'enfant se souvient-il ? », dans *Cliniques méditerranéennes,* 67, 2003, p. 109-116.
12. Cramer Bertrand et Palacio Espasa Francisco, *La Pratique des psychothérapies mères-bébés,* Paris, PUF, 1993.
13. Côté Denyse, *La Garde partagée. L'équité en question,* Montréal, Éditions du remue-ménage, 2000.

14. DARCHIS Élisabeth et DECHERF Gérard, *La Séparation*, Paris, Nathan, 2008.

15. DARNALL Douglas, Parental Alienation : Not in The Interest of The Children », *North Dakota Law Review*, 75, p. 323-364.

16. DARNALL Douglas, *Divorce Casualties* : *Protecting Your Children from Parental Alienation*, Dallas, Taylor Publishing, 1998.

17. DEPAULIS Alain, *Le Complexe de Médée. Quand une mère prive le père de ses enfants*. Bruxelles, De Boeck, 2008.

18. DOLTO Françoise, *Quand les parents se séparent*, Paris, Seuil, 1988.

19. DOREY Roger, « La relation d'emprise », dans *Nouvelle Revue de Psychanalyse*, n° 24, Paris, Gallimard, 1981.

20. ELIACHEFF Caroline et HEINICH Nathalie, *Mères-filles : une relation à trois*, Paris, Albin Michel, 2002.

21. ERWOINE Didier, *Le Syndrome d'aliénation parentale*. Mémoire, faculté de psychologie et des sciences de l'éducation de l'université de Liège, 2004.

22. FORWARD Susan, *Parents toxiques, comment échapper à leur emprise ?*, Paris, Marabout, 1991.

23. FURSTENBERG F. F. *et al*., « L'itinéraire des enfants du divorce : rupture conjugale et contacts des enfants avec le parent non-gardien », dans *Dialogue*, 1987, p. 69-85.

24. GANNAC Anne Laure et GANNAC-MAYANOBE Yolande, *Divorce. Les enfants parlent aux parents*, Paris, Anne Carrière, 2004.

25. GARDNER Richard A., *Child Custody Litigation : A Guide for Parents and Mental Health Professionals*, New Jersey, Creative Therapeutics, Cresskill, 1985.

26. GARDNER Richard A., *The Parental Alienation Syndrome : A Guide for Mental Health and Legal Professionals*, New Jersey, Creative Therapeutics, Cresskill, 1998, 2e édition.

27. GARDNER Richard A., « Recommandations for Dealing with Parents who Induce a Parental Alienation Syndrome in Their Children », *Journal of Divorce & Remarriage*, 28 (3/4), 1999, p.1-21.

28. GARDNER Richard A., « Family Therapy of The Moderate Type of Parental Alienation Syndrome », *The American Journal of Family Therapy*, 27, 1999, p. 195-212.

29. GARDNER Richard A., *Therapeutic Interventions for Children with Parental Alienation Syndrome*. New Jersey, Creative Therapeutics, Cresskill, 2001.

30. GONÇALVES Pedro et GRIMAUD DE VICENZI Annie., « D'ennemis à coéquipiers. Le difficile apprentissage de la coparentalité après un divorce conflictuel », dans *Thérapie familiale*, 2003/3, vol. 24, p. 239-253.

31. Gordon Robert M., « The Medea Complex and The Parental Alienation Syndrome : When Mothers Damage Their Daughter's Ability To Love A Man », dans Fenchel G. H. (Éd.), *The mother-daugther relationship,* (10, p. 207-225), 1998.
32. Goudard Bénédicte, *Le Syndrome d'aliénation parentale.* Thèse, faculté de médecine de l'université Claude Bernard-Lyon 1, 2008.
33. Hefez Serge, *Quand la famille s'en mêle,* Paris, Hachette, 2004.
34. Jousselme Catherine, *Ils recomposent, je grandis. Répondre aux défis de la famille recomposée,* Robert Laffont, 2008.
35. Lauru Didier, *Père-fille, une histoire de regard,* Paris, Albin Michel, 2006.
36. Le Camus Jean, De Leonardis M., Lescareet O., « Effets de la transformation des rôles parentaux sur la construction de la personnalité de l'enfant », dans *La psychiatrie de l'enfant,* XXXII, 1, 1989, p. 31-54.
37. Le Camus Jean, *Pères et bébés,* Paris, Éditions L'Harmattan, 1998.
38. Le Camus Jean, *Le Vrai Rôle du père,* Odile Jacob, Paris, 2000.
39. Le Camus Jean et Laborde Michèle, *Le Père et l'enfant à l'épreuve de la séparation,* Paris, Odile Jacob, 2009.
40. Malagoli Togliatti Magali, Lubrano Lavadera Anna et Franci Marta, « Les enfants du divorce comme protagonistes actifs de la séparation conjugale », dans *Cahiers critiques de thérapie familiale et de pratique de réseaux,* Bruxelles, De Boeck Université, n° 34, 2005, p. 135-156.
41. Marcovich Anne, *Qui aura la garde des enfants ?,* Paris, Albin Michel, 2009.
42. Moreau Alain, *Le Mythe de Jason et Médée,* Paris, Les Belles Lettres, 1994.
43. Nabati Moussa, *Le Fils et son père. Pour en finir avec le complexe d'Œdipe,* Paris, Éditions Les liens qui libèrent, 2009.
44. Naouri Aldo, *Les Pères et les mères,* Paris, Odile Jacob, 2005.
45. Neyrand Gérard, *L'Enfant face à la séparation des parents. Une solution, la résidence alternée,* Paris, Syros, 2001.
46. Olivier Christiane, *Les Enfants de Jocaste,* Paris, Denoël, 1980.
47. Poussin Gérard, *Psychologie de la fonction parentale,* Toulouse, Privat, 1993.
48. Poussin Gérard et Martin-Lebrun Élisabeth, *Les Enfants du divorce. Psychologie de la séparation parentale,* Paris, Dunod, 1997.
49. Poussin Gérard et Lamy Anne, *Réussir la garde alternée. Profiter des atouts, éviter les pièges,* Paris, Albin Michel, 2004.
50. Risé, Claudio, *Le père absent. Enquête sur la place du père dans les familles occidentales,* Paris, Perrin, 2005.
51. Théry Irène, *Le Démariage,* Paris, Odile Jacob, 1993.

52. Van Boch-Galhau Wilfrid et Kodjoe Ursula, « Endoctrinement et rupture des liens en cas de “syndrome d’aliénation parentale”. Conséquences psychologiques sur les enfants du divorce devenus adultes », dans *Revue internationale de psychosociologie,* vol. XIII, 2007/2, p. 89-111.
53. Wallerstein Judith S. et Kelly Joan B., *Surviving The Breakup: How Children and Parents Cope with Divorce,* États-Unis, Basic Books, 1980. Traduction française : *Pour dépasser la crise du divorce,* Toulouse, Privat, 1989.
54. Wallerstein Judith S. et Blakeslee Sandra, *Second chances. Men Women and Children, A Decade After Divorce,* Londres, Bantam, 1989.
55. Warshak Richard A., *Divorce Poison. Protecting The Parent-Child Bond From A Vindictive,* New York, ReganBooks, 2001.

Table des matières

Composition et mise en page

NORD COMPO
multimédia

Achevé d'imprimer sur Roto-Page
en avril 2010
par l'Imprimerie Floch à Mayenne.

Dépôt légal : mai 2010
N° impression : 76472

Imprimé en France